글쓰기 논술

쓰마+

2단계 - 1

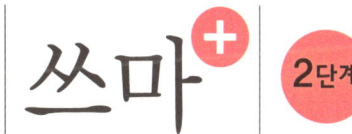

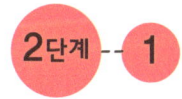

철학 박사 박우현 책임 감수
글쓰기전략연구회 쓰마와 하마 지음 · 한차연 그림

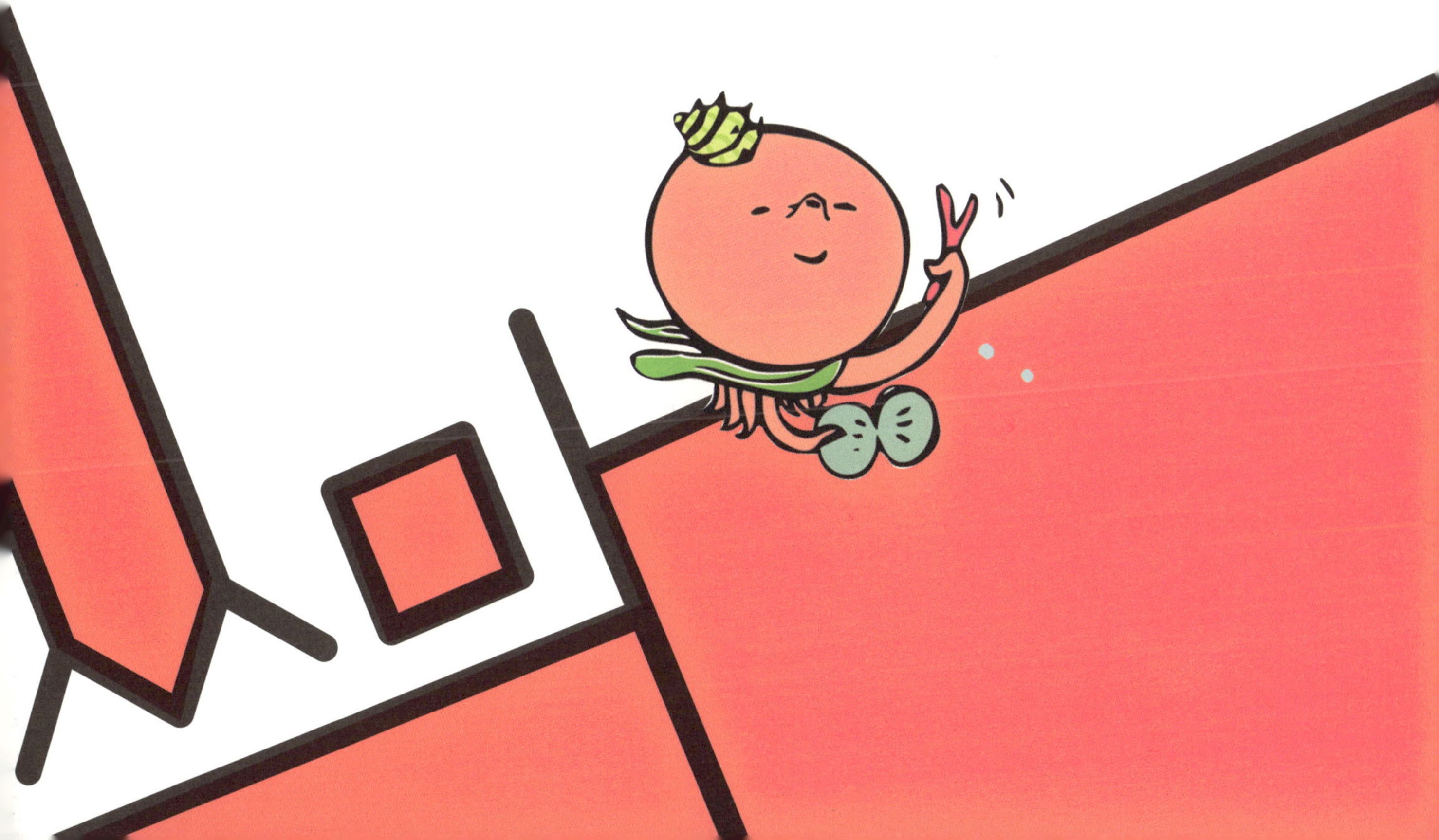

머리말

나를 위한 글쓰기 - 쓰마!

글쓰기는 과정입니다. 나만의 사고와 느낌이 중요합니다. 글쓰기에서는 어떤 글자를 얼마나 많이 썼느냐가 중요하지 않습니다. 내 생각을 어떻게 쓰고 있느냐가 중요합니다.

모든 글쓰기는 궁극적으로 나를 위한 글쓰기입니다. 이 책은 결과 중심 글쓰기 교재가 아닙니다. 과정 중심 글쓰기 논술 교재입니다. 과정 중심에는 '나'가 있습니다.

글쓰기는 자신감입니다. 이 책은 '도입-기초-발전-심화-나만의 글쓰기'로 구성되어 있습니다. 차례대로 글을 쓰다 보면 은은하게 다가오는 황홀감을 느낄 수 있습니다. 글쓰기 초보자도 자신감이 생깁니다.

글쓰기는 가치 있는 창의력을 배경으로 합니다. 이 책에는 초등학교 국어 교과가 녹아들어 있습니다. 갑작스럽게 다가오는 즐거움을 국어 시간에도 느낄 수 있습니다.

이 교재는 방과 후 학교 교재로도 좋고, 엄마와 함께해도 좋습니다. 질문이 분명하여 학생들이 즐거운 마음으로 할 수 있기 때문입니다.

독서 지도와 함께하면 더욱 좋습니다. 이 책은 독서 지도 교재가 아닙니다. 글쓰기 논술 교재입니다. 그러나 글쓰기도 독서를 위한 행위입니다. 글을 잘 쓰려면 많이 읽어야 합니다.

어린이를 위한 모든 교재는 선생님 중심이 아니라 어린이 중심이어야 합니다. 과정 중심 글쓰기 논술 교재는 학습자 중심의 교재입니다.

철학 박사 **박우현**

이 책의 특징

1. 생각을 열어 준다!

글쓰기는 생각을 여는 데서 시작합니다. 어린이가 닫힌 생각을 스스로 열고 글쓰기에 대한 두려움을 떨치게끔, 예시를 통해 학습 목표에 차근차근 다가가도록 구성하였습니다.

2. 생각을 키워 준다!

생각을 키우는 가장 좋은 방법 중 하나는 여러 가지 종류의 다양한 글을 읽고, 느끼고, 생각하는 것입니다. 《글쓰기 논술 쓰마》는 초등 교과 과정에 맞는 다양한 예문과 마인드맵 등을 통해 생각이 자라게끔 꾸몄습니다.

3. 생각을 펼쳐 준다!

나만의 글쓰기를 하려면 생각을 잘 정리해야 합니다. 생각을 열고(도입과 기초), 생각을 키우고(발전), 생각을 펼치는(심화)과정을 거치면서 자연스럽게 생각이 정리되고 마음껏 글로 펼쳐 쓸 수 있습니다.

4. 생각을 다져 준다!

총 3단계 7과정으로 구성된 《글쓰기 논술 쓰마》는 어린이의 글쓰기 개별 능력에 따라 학습이 이루어지도록 꾸민 체계적인 교재입니다. 학습 능력 단계에 맞춰 과정을 밟으면 생각이 다져지고 아울러 글을 쓰는 힘이 쑥쑥 길러집니다.

5. 생각을 쓰게 한다!

글을 잘 쓰려면 많이 써 봐야 합니다. 그래야 자신감을 가지고 글을 쓸 수 있습니다. 《글쓰기 논술 쓰마》는 글 쓰는 지면을 많이 둔 글쓰기 중심 교재입니다.

차례

체험 쓰기 5

표현 쓰기(동시) 13

상상 쓰기 21

비교 쓰기 29

감상 쓰기 37

정보 쓰기(소개) 45

겪은 일 쓰기 53

마음 쓰기 61

생각 쓰기 69

쓰마와 꼭 알아야 할 **문장 부호** 77

생각 동화 **느림보의 모험** 78

쓰마랑 함께하는 **가족들 호칭** 80

체험 쓰기

체험은 자신이 직접 경험한 일을 말합니다. 체험을 하면 새로운 사실을 알 수 있습니다. 책이나 다른 자료를 통해 얻는 것보다 훨씬 더 생생한 느낌을 받게 되지요. 체험을 하고 새로 알게 된 내용과 떠오르는 생각을 글로 써 보세요.

학습 목표
1. 체험의 종류를 알 수 있다.
2. 체험한 내용을 정리할 수 있다.
3. 새로 알게 된 내용을 글로 쓸 수 있다.

체험의 종류를 알아보아요

1. 친구들의 대화를 들어 보세요. 체험한 일을 말한 친구는 누구인가요?

> 책을 읽고 어름치가 알을 지키려고 자갈을 탑처럼 쌓아 올린다는 것을 알았어.

승재

> TV에서 갯벌에 사는 여러 가지 생물들을 보았어. 그런데 조개와 게만 기억에 남아.

하영

정민

> 엄마와 시골에 갔을 때 '애기똥풀'이 있어서 줄기를 잘라 봤더니 정말 노란 즙이 나왔어.

영수

> 할아버지와 함께 연을 만들어 보았어. 대나무와 한지만 있으면 만들 수 있더라.

2. 새로운 사실은 책이나 TV를 통해서도 알 수 있어요. 그런데 체험을 하면 더 좋은 점은 무엇일까요?

Tip 체험 학습 준비

- 체험은 직접 만져 보고, 만들어 보고, 살펴본 경험이에요. 체험 학습을 하기 전에 책이나 인터넷을 통해 미리 정보를 수집해요. 무엇을 보고, 경험하게 될지 알고 가면 더 흥미로워요.
- 또 궁금한 점이 있으면 선생님께 물어볼 수도 있어요.

3 체험에도 여러 종류가 있어요. 여러분이 했던 체험들을 모두 골라 보세요.

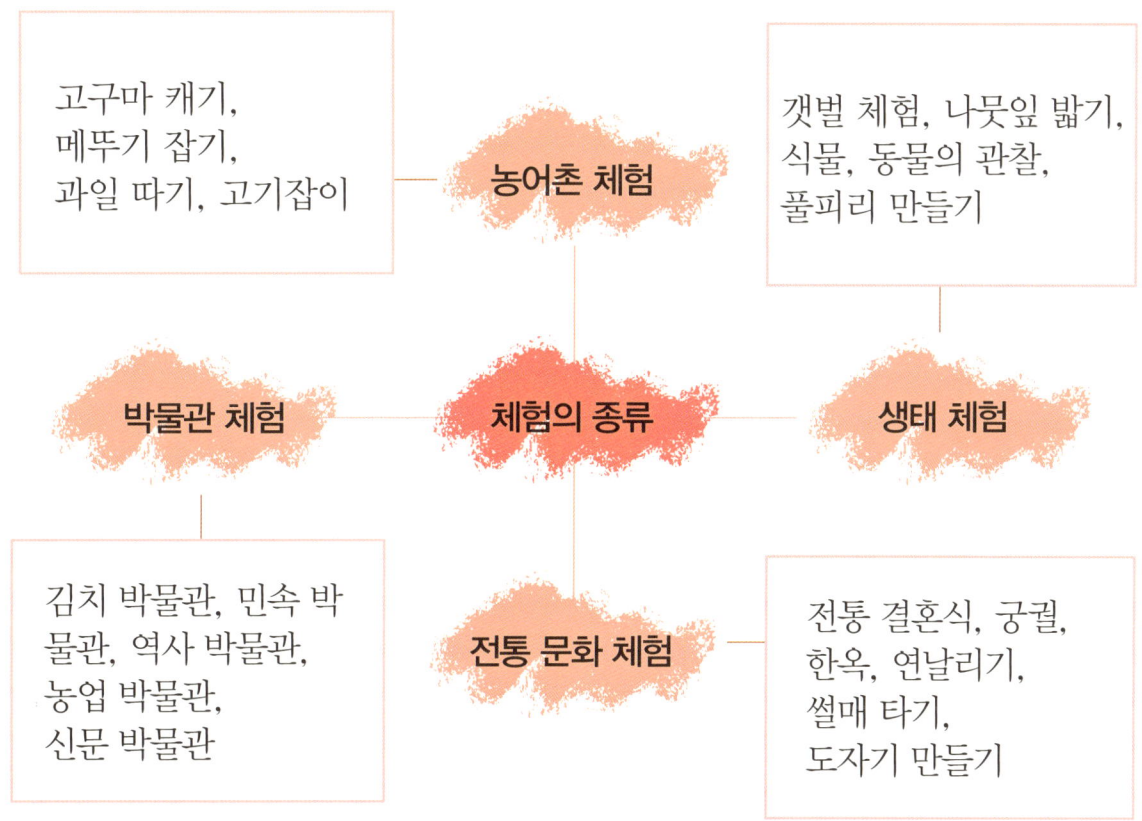

- 농어촌 체험: 고구마 캐기, 메뚜기 잡기, 과일 따기, 고기잡이
- 생태 체험: 갯벌 체험, 나뭇잎 밟기, 식물, 동물의 관찰, 풀피리 만들기
- 박물관 체험: 김치 박물관, 민속 박물관, 역사 박물관, 농업 박물관, 신문 박물관
- 전통 문화 체험: 전통 결혼식, 궁궐, 한옥, 연날리기, 썰매 타기, 도자기 만들기

4 가장 재미있었던 체험은 무엇인가요? 그 체험을 통해서 새로 알게 된 사실을 적어 보세요.

체험	
새로 알게 된 사실	

새로 알게 된 사실을 정리해요

<도자기 만들기>를 체험 학습한 민우와 엄마의 대화를 읽고 물음에 답해 보세요.

> 민우 : 다녀왔습니다.
> 엄마 : 우리 아들 수고했다. 그래, 도자기는 만들었니?
> 민우 : 네, 밥도 먹고, 게임도 했어요.
> 엄마 : 재미있었던 일 없어? 새로 알게 된 사실이나.
> 민우 : 짝꿍 경민이가 반죽을 잘 안 해서 도자기에 금이 갔어요. 그리고 처음에 흙을 만졌을 때 부드럽고 시원했어요.
> 엄마 : 어휴, 답답해라. 좀 순서대로 말해 봐. 그리고 넌 뭘 만들었는데?
> 민우 : 작은 화분이요. 물을 바르니까 더 잘 만들어졌어요.

(1) 엄마께서 답답해하신 점은 무엇인가요?

------

(2) 민우가 체험한 내용과 새로 알게 된 사실을 순서대로 말하려고 해요. 빠진 부분을 써 보세요.

① 공방에 가서 흙을 받았어요. 흙이 참 부드럽고 시원했어요.

② _____

③ 내 짝꿍 경민이는 반죽을 잘 안 해서 도자기에 금이 갔어요.

④ 밥도 먹고, 게임도 했어요.

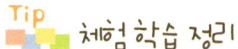 체험 학습 정리

- 시간 순서대로 정리해요. 체험 학습 가기 전 → 체험 학습 중에 → 다녀와서
- 새로 알게 된 내용과 생각을 정리해요. 본 것 → 들은 것 → 해 본 것 + 생각

2 체험 학습 갔던 경험을 〈보기〉처럼 정리할 수 있어요. 물음에 답해 보세요.

〈보기〉 어디로 갔었나요?	농업 박물관
누구랑 갔었나요?	학교 선생님과 같은 반 친구들
무엇을 보았나요?	호미, 낫, 지게, 짚으로 만든 그릇, 벼 등
새로 알게 된 내용과 생각	• 낫이나 호미는 아주 먼 옛날에도 있었다. 옛날에는 낫이나 호미 만드는 방법을 어떻게 알았는지 궁금하다. • 벼는 나무가 아니다. 벼의 키가 작아서 신기했다. • 벼 잎은 가늘고 무척 날카롭다. 만져 보았더니 손이 아프고 따가웠다.

(1) 체험 학습 가서 본 것들은 무엇인가요?

----

(2) 체험 학습 가기 전에는 벼를 어떻게 그렸을까요? 〈보기〉를 바탕으로 추측해서 그려 보세요.

체험한 내용과 생각을 써요

앞 쪽에서 표에 정리한 내용을 글로 쓴 것입니다. 읽고 물음에 답해 보세요.

> (가) 농업 박물관으로 체험 학습을 다녀왔다.
> 담임 선생님과 반 친구들이 함께 갔다.
>
> (나) 박물관 마당에는 벼가 자라고 있었다. 난 쌀이 나무에서 나오는 줄 알았는데 그렇지 않았다. 벼는 가늘고 키가 작았다. 만져 보았더니 벼 잎이 날카로웠다. 손이 아프고 따가웠다.
>
> (다) 체험 학습 가서 벼를 직접 보아서 좋았다.

(1) 글에 어울리는 제목을 써 보세요.

_____

(2) 앞 쪽에서 정리한 내용 중 빠진 내용을 문장으로 써 보세요.

_____

_____

_____

(3) 위 (2)에서 정리한 문장은 (가), (나), (다) 중에 어디에 넣으면 좋을까요?

_____

Tip 체험학습 후 활동

- 체험한 내용은 일기에 쓰거나 그림을 그려 작은 책으로 만들 수 있어요.
- 체험을 하면서 생긴 기념품으로 게시판을 꾸며도 재미있어요.
- 더 알고 싶은 내용을 책에서 찾아보는 것도 좋아요.

2 여러분이 지금까지 체험한 일들 중에 가장 기억에 남는 내용은 무엇인가요? 그 내용을 아래 표에 정리해 보세요.

어디로 갔었나요?	
누구랑 갔었나요?	
무엇을 하였나요?	
새로 알게 된 내용은 무엇인가요?	

3 새로 알게 된 내용에 대해 어떤 생각을 했는지 써 보세요.

Tip 체험 쓰기

- 직접 경험한 일이므로 자세히 써요.
- 새로 알게 된 사실과 생각을 함께 써요.
- 체험한 내용을 순서대로 써요.

4 앞에서 정리한 내용을 바탕으로 체험한 내용을 글로 써 보세요.

제목: _____ 에 다녀와서

표현 쓰기(동시)

동시는 생각이나 느낌을 짧은 글로 나타내어 감동을 주는 글입니다. 짧게 썼기 때문에 노래하듯이 읽을 수 있지요. 흉내 내는 말을 넣어 생생하게 동시를 써 보세요.

학습 목표
1. 동시의 특징을 알 수 있다.
2. 글감과 생각을 정할 수 있다.
3. 흉내 내는 말을 넣어 동시를 쓸 수 있다.

동시와 줄글의 차이를 알아보아요

아래 두 글을 읽고, 같은 점과 다른 점을 써 보세요.

고무풍선 서정희	고무풍선
불어라 불어라 고무풍선 불어라. 누구 것이 더 큰가 어디어디 대 보자. 더 불면 터지겠고 안 불면 지겠고 남의 것만 보다가 둘이 다 빵.	고무풍선을 샀다. 친구와 누가 더 크게 부나 내기를 했다. 풍선이 점점 커지더니 빵빵해졌다. 더 불면 터질 것 같았다. 그런데 친구가 계속 불었다. 질 것 같아서 나도 더 불었다. 그러다 친구와 내 풍선이 둘 다 터졌다. 이기고 싶어서 남의 풍선만 보고 불다가 둘 다 터져 버렸다.

(1) 같은 점 : 둘 다 고무풍선에 대해서 썼어요.

(2) 다른 점 : 동시는 노래하는 것 같아요. 줄글은 자세하게 이야기할 수 있어요.

Tip 동시와 줄글의 차이점

- 동시는 짧아서 노래하는 것 같고, 줄글은 자세하게 다 말하고 있어요.
- 동시처럼 짧게 줄여서 표현할 때에는 표현하고 싶은 사물을 뒤에 쓰고, 표현할 내용을 앞에 쓰면 짧게 줄일 수 있어요.

2 낱말의 순서를 바꿔 〈보기〉처럼 고쳐 써 보세요.

〈보기〉

무엇인가요? **빨간 장미꽃**
어떤 모습인가요? **피어 있어요.**
그 모습을 어떻게 표현할까요?
송이송이

빨간 장미꽃이 송이송이 피어 있어요.
→ 송이송이 피어 있는 **빨간 장미꽃**

(1) **토끼털**은 보들보들 부드러워요.

→ _____ **토끼털**

(2)

내 친구가 전학을 가서 보고 싶어요.

→ _____ **내 친구**

흉내 내는 말을 알아보아요

다음 동시를 읽고 물음에 답해 보세요.

아침 눈길

문삼석

바알간 아가 볼
포옥 싸 안고

자박자박 털모자가
걸어갑니다.
호오호오 손 시린
아침 눈길을

비뚤비뚤 발자국도
따라갑니다.

(1) 동시에서 흉내 내는 말을 찾아 ○ 표시를 해 보세요.

(2) 흉내 내는 말의 느낌을 살려서 동시를 읽어 보세요. 흉내 내는 말을 빼고 동시를 읽어 보세요. 흉내 내는 말이 있을 때와 없을 때, 느낌이 어떻게 달랐나요?

있을 때 : _____

없을 때 : _____

Tip 흉내 내는 말

- '살랑살랑'이나 '따르릉따르릉'처럼 모양이나 소리를 낱말로 표현한 것을 흉내 내는 말이라고 해요.
- 흉내 내는 말이 있으면 장면과 느낌이 더 생생하게 떠오르지요.

2 〈보기〉처럼 흉내 내는 말을 넣어 표현해 보세요.

보기

표현하고 싶은 것은?
포도의 색, 모양
어울리는 말은?
동글동글, 다닥다닥

동글동글 포도
다닥다닥 붙어 있는 포도

(1)

표현하고 싶은 것은? **금붕어, 물방울**

어울리는 말은? _____

_____

_____

(2)

표현하고 싶은 것은? _____

어울리는 말은? _____

_____

_____

생각을 펼쳐요

글감을 정해 생각을 써 보세요

1. 여러 가지 생각을 떠올려 보면 글감 찾기가 쉬워요. 아래에 생각나는 것들을 더 써 보세요.

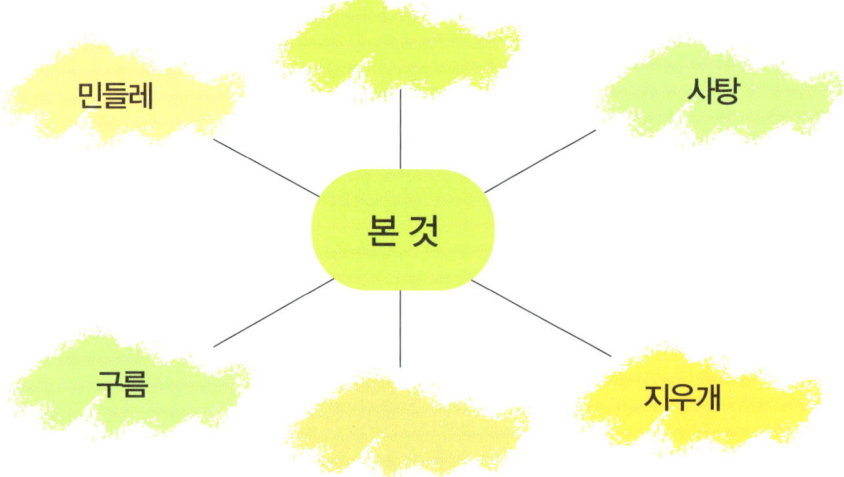

민들레 / 사탕 / 본 것 / 구름 / 지우개

2. 위에서 소라게를 글감으로 골라 동시를 썼어요. 아래 동시를 읽고 어떤 생각을 표현한 것인지 적어 보세요.

소라게

엉금엉금
소라가 걸어가요
다리도 없는데
자꾸자꾸 걸어가요

들여다보니
커다란 게가
소라 속으로 쏘옥

어떻게 들어갔지?

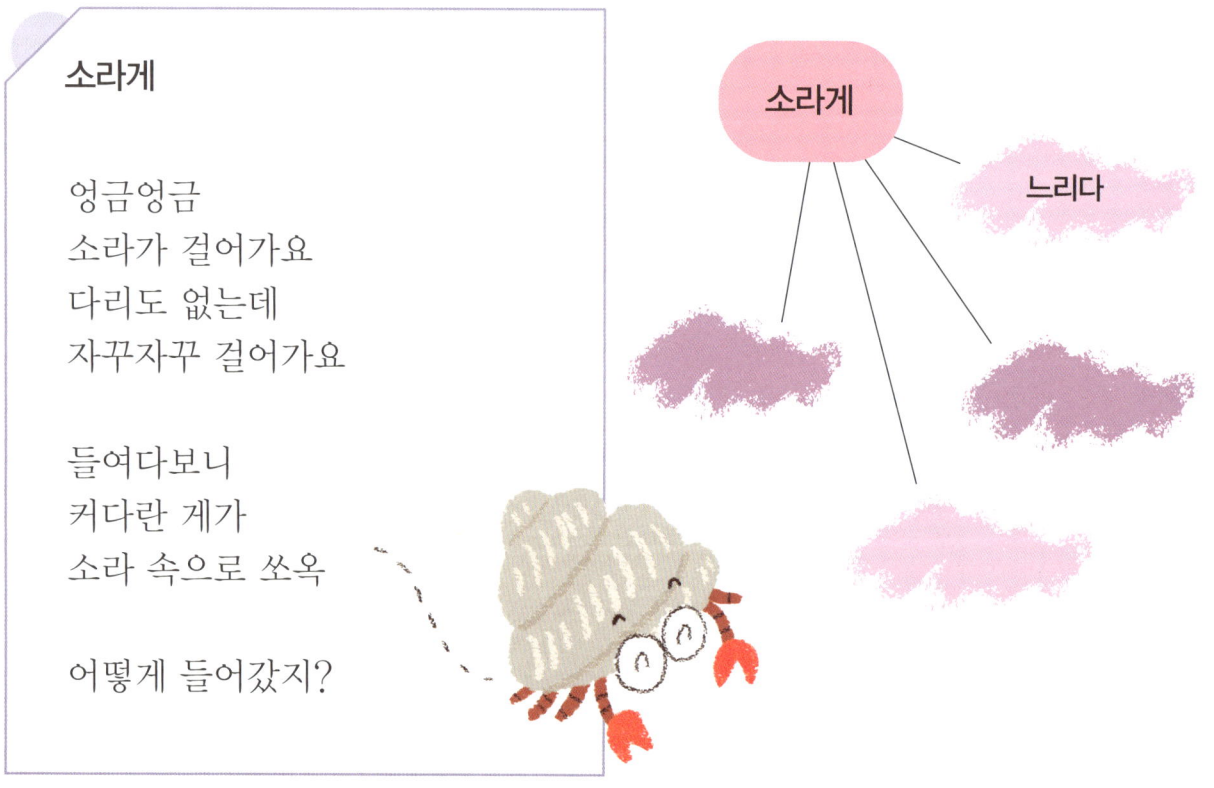

소라게 / 느리다

Tip 글감과 생각

- 글감은 시를 쓰는 재료예요. 생활 속에서 보고, 듣고, 경험한 모든 일이 글감이 될 수 있지요.
- 동시 안에는 글감에 대한 생각이 들어 있어요. 떠오르는 여러 가지 생각들 중에 한 가지를 정한 후 글을 써 보세요.

3 생각과 느낌을 모으고 표현을 떠올려 보세요.

(1) '산' 하면 떠오르는 것들을 빈칸에 써 넣으세요.

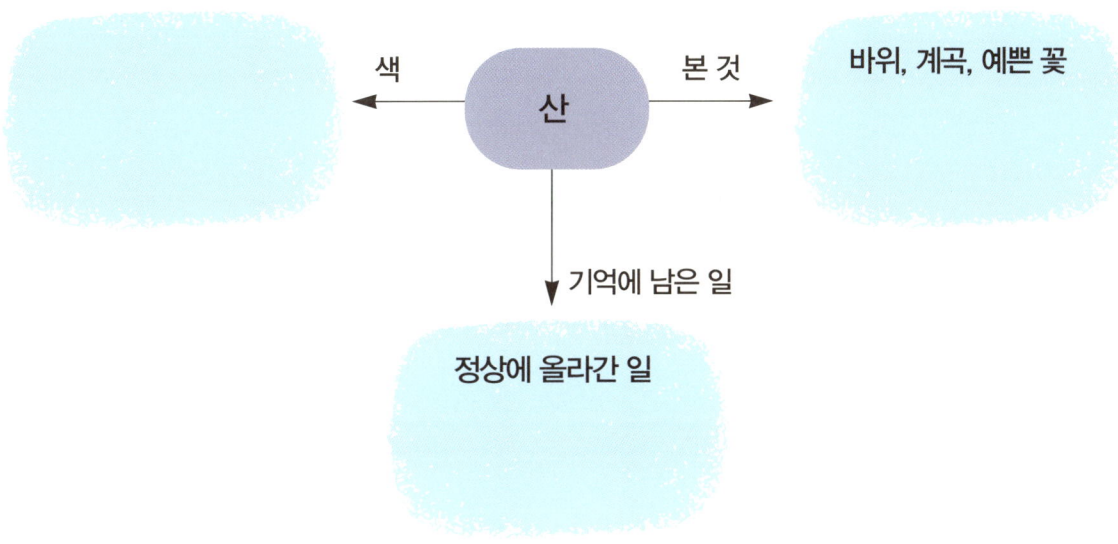

(2) 위에서 동시로 쓰고 싶은 글감을 정해 보세요.

----

(3) 여러분이 정한 글감에 대해 어떤 생각들이 떠오르나요? 그중에서 표현하고 싶은 것을 골라 보세요.

----

(4) 글감이나 생각을 표현하기에 어울리는 흉내 내는 말은 무엇이 있을까요?

Tip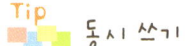

- 시를 쓸 글감을 고르고 생각을 정해요.
- 긴 내용을 짧게 줄여 써요.
- 소리나 모양을 흉내 내는 말을 넣어 표현해요.

4　앞에서 글감과 생각을 준비했어요. 이제 지금까지 배운 내용들을 생각하며 동시를 써 보세요.

상상 쓰기

'내가 만약 새라면…….' '운동회 날 달리기 대회에서 1등을 한다면…….' 이렇게 자유롭게 생각해 보는 것을 **상상**이라고 하지요. 이야기를 읽을 때 이어질 내용을 상상하며 읽으면 더 재미있어요. 꾸미는 말을 넣어 상상한 내용을 글을 써 보세요.

학습 목표
1. 상상한 내용을 표현할 수 있다.
2. 이야기를 읽고 이어질 내용을 상상할 수 있다.
3. 꾸미는 말을 넣어 이어질 내용을 쓸 수 있다.

재미있게 상상해요

1 아래 내용 중에서 상상한 것을 골라 ○ 표시를 해 보세요.

① 강아지를 갖고 싶어.　　　　　　(　　)

② 단풍이 물들기 시작했어.　　　　(　　)

③ 만약 내가 형이었다면…….　　　(　　)

④ 선생님은 참 좋은 분이셔.　　　　(　　)

⑤ 우주선을 타고 달에 간다면…….(　　)

2 여러분은 어떤 상상을 많이 하나요? 여러분이 한 상상 중에 가장 즐거웠던 내용을 알려 주세요.

누구랑 :

어디서 :

무엇을 :

어떻게 :

- 상상은 실현 여부에 상관없는 자유로운 생각이에요.
- 의견은 이유가 있는 주장이고, 사실은 현실에서 일어난 일이지요.

3 엄마 닭과 병아리들은 무슨 말을 하고 있을까요? 상상해서 말 주머니에 써 보세요.

4 어떤 일이 일어났을까요? 뒤에 이어질 내용을 상상해서 그림으로 그려 보세요.

상상한 내용을 꾸며 써요

1 다솔이에게 일어난 일을 생각하며, 이야기를 읽어 보세요.

> **제목 : 다솔이의 겨울잠**
>
> **차가운** 바람이 쌩쌩 불고 날씨가 **점점** 더 추워졌어요. 다람쥐, 다솔이는 겨울잠을 자려고 먹이를 많이 먹었어요. 그리고 나무 구멍 속에서 웅크리고 잠이 들었어요.
>
> 어느 날, 겨울잠을 자던 다솔이는 쿵 하는 소리에 잠이 깼어요.
> "무슨 소리지, 벌써 봄이 와서 커다란 곰 아저씨가 일어나셨나? 빨리 밖에 나가 봐야지."
> 하지만 밖엔 하얀 눈이 펄펄 내리고 있었어요.
> "어, 아직 따뜻한 봄이 아닌가 봐. 그런데 쿵 소리는 뭐였지?"

2 일이 일어난 차례대로 정리해 보세요.

① 날씨가 점점 더 추워졌어요.

② 다솔이는 먹이를 많이 먹고 겨울잠을 잤어요.

③ 어느 날 _____

④ 하지만 밖엔 _____

3 다솔이는 어떻게 했을까요? 이어질 내용을 상상해서 써 보세요.

다솔이는 _____ 것이다.

Tip 꾸미는 말

- 꾸미는 말은 뒤에 오는 말의 뜻을 자세히 나타낸 말이에요.
- 주로 모양, 크기, 색깔, 느낌 등을 표현해요.
- 꾸미는 말을 사용하면 더 실감나게 표현할 수 있어요.

4 아래 그림에 어울리는 표현을 찾아 꾸며 써 보세요.

모습	날씬한 코스모스,
색깔	
느낌	예쁜 코스모스,

5 〈다솔이의 겨울잠〉에서 색칠한 '차가운'이나 '점점'은 꾸미는 말이에요. 꾸며서 표현한 부분을 더 찾아보세요.

----

6 〈다솔이의 겨울잠〉의 뒷이야기를 상상해 보세요. 상상한 내용에 꾸미는 말을 넣어 써 보세요.

이어질 내용을 상상해서 써요

1 소금 장수가 어떻게 했을지 상상하며 이야기를 읽어 보세요.

제목 : 소금 장수와 호랑이 사냥

소금 장수가 나귀에 소금을 싣고 깊은 산골로
소금을 팔러 갔다. 그런데 소금은 팔리지 않고 날이 저물어
외딴집에서 하룻밤을 묵어 가게 되었다.
소금 장수 : 이제 이 일도 그만두어야겠소이다. 산골로 돌아다니기도
　　　　　　힘들고, 도둑을 만나면 돈을 모두 뺏기기도 하지요.
주인 : 그렇다면 제가 돈 버는 방법 하나를 가르쳐 드릴까요?
주인은 마당에 나가더니 칼을 갈기 시작했다.
소금 장수는 몹시 이상한 생각이 들었다.
소금 장수 : 아무리 돈을 벌고 싶어도 도둑질을
　　　　　　할 수는 없습니다.
주인 : 누가 도둑질을 하자고 했습니까?
주인은 소금 장수를 데리고 뒷산으로 갔다.
그리고 커다란 소나무 둘레에 칼을 묻었다.
주인 : 자, 이제 걱정하지 말고 시키는 대로만 하세요.

주인은 칼로 호랑이들의 가죽을 벗겨 시장에 내다 팔았다.
그리고 번 돈의 반을 소금 장수에게 주었다. 소금 장수는
기뻐하며 집으로 돌아갔다.

〈호랑이 골 이야기 열두 고개〉 이창수, 위즈덤북

2 이야기의 앞뒤가 자연스럽게 연결되도록 가운데 부분을 상상하여 빈칸에 써 보세요.

 주인은 소금 장수에게 어떤 일을 시켰을까요?
　　　주인이 가죽을 벗긴 짐승들은 왜 죽었을까요?

Tip 이어질 내용 상상하기

- 이어질 내용은 자연스럽게 연결되어야 해요. 그래서 가운데 부분에 들어갈 내용을 상상할 때에는 이야기의 앞과 뒤를 모두 살펴보아야 하지요.
- 뒷이야기를 상상할 때에는 앞 이야기를 정리해 보는 게 좋아요.

3 이야기를 읽으며 이어질 내용을 상상해 보세요.

> 제목 : 찻주전자
>
> 　커다란 주둥이와 넓은 손잡이를 가진 찻주전자가 하나 있었습니다. 이 찻주전자는 질그릇으로 만들어졌는데 뽐내기를 매우 좋아했습니다. 찻주전자의 앞뒤에는 아름다운 주둥이와 손잡이가 하나씩 있었는데, 찻주전자는 이것을 아주 자랑스러워했습니다.
> 　"나처럼 멋진 주둥이와 손잡이를 가지고 있는 그릇은 없을 거야."
> 　그러던 어느 날, 주인 아주머니가 실수로 찻주전자를 떨어뜨리고 말았습니다. 찻주전자는 그대로 바닥에 떨어져 주둥이와 손잡이가 박살이 나고 말았습니다.
> 　그날부터 찻주전자는 부엌 선반에 쳐박혀 있어야 했습니다.
> 　'내 신세가 이렇게 되고 말았구나.'
> 　찻주전자는 몹시 슬퍼하며 눈물을 흘렸습니다.
> 　그런데 어느 날 찻주전자에게 새로운 생활이 시작되었습니다.

4 찻주전자에게 일어난 새로운 생활을 상상해서 써 보세요.

가 : 찻주전자에게 무슨 일이 생겼지?	가 : 찻주전자에게 시작된 새로운 생활은 무얼까?	가 : 새로운 일을 하게 된 찻주전자의 마음은 어떨까?
나 : 음, 자랑스러워 하던 주둥이와 손잡이가 깨졌어.	나 :	나 :

Tip 상상한 이야기 쓰기

- 먼저 이야기의 내용을 정리해 봐요. 그리고 자연스럽게 이어질 내용을 상상해요.
- 여러 가지 상상 중에서 자신만의 독특한 내용으로 써요.
- 꾸미는 말을 넣어서 실감나게 써요.

5 앞 쪽에서 상상한 내용을 바탕으로 〈찾주전자〉의 뒷부분에 이어질 이야기를 써 보세요.

비교 쓰기

비교와 **대조**는 서로 다른 두 대상의 닮은 점이나 다른 점을 찾아보는 거예요. 서로 비교해 보면 특징을 더 자세히 알 수 있지요. 비교한 내용을 자세히 글로 쓰다 보면 정확한 표현력을 키울 수 있답니다.

학습 목표

1. 비교가 무엇인지 알 수 있다.
2. 서로 다른 대상을 비교할 수 있다.
3. 비교하는 글을 쓸 수 있다.

비교에 대해 알아보아요

1 〈보기〉를 읽고 비교가 무엇인지 차근차근 알아보아요.

예원 : 딸기는 빨간색이고, 배는 노란색이야.
윤주 : 딸기는 씨가 겉에 있고, 배는 씨가 속에 있어.
수범 : 딸기는 위가 뾰족한데, 배는 둥근 모양이야.
민지 : 둘 다 과일이야.
하성 : 모두 달고 맛있어.

2 친구들이 비교한 내용이 무엇인지 써 보세요.

Tip 비교하기

- 비교하려면 두 개 이상의 다른 대상이 있어야 해요. 그리고 닮은 점과 다른 점을 말할 수 있어야 하지요.
- 무엇보다 비교하려는 대상을 꼼꼼하게 관찰하는 것이 중요해요.

3 닮은 점을 말한 친구는 누구인가요?

---

4 다른 점을 말한 친구는 누구인가요?

---

5 비교에 대해 알게 된 점을 정리해 보세요.

딸기와 배처럼 두 개 이상의 다른 대상이 있어야 해요.

6 딸기와 배를 보고 비교할 수 있는 내용을 생각해서 더 써 보세요.

기준을 정해서 비교해요

1. 친구들이 비교한 기준은 무엇일까요? 〈보기〉에서 기준을 찾아 괄호 안에 써 보세요.

   보기: 종류, 만든 재료, 크기, 색깔, 모양, 가격, 연주하는 방법

   선생님: 피아노와 바이올린을 비교해 보세요.
   은수: 둘 다 악기예요. (종류   )
   민준: 피아노는 손으로 건반을 두드리고, 바이올린은 활로 줄을 켜요. (   )
   나연: 피아노는 크고, 바이올린은 멋있어요. (   )
   지후: 나무로 만들었어요. (   )

2. 기준을 쓸 수 없는 친구는 누구인가요? 그 이유를 써 보세요.

3. 위에서 어색한 내용을 바르게 고쳐 보세요.

Tip 기준이란?

- 기준은 비교할 수 있는 중심이에요. 색깔, 모양, 맛, 냄새, 느낌, 재료, 방법, 계절 등의 기준에 따라 대상을 비교할 수 있어요.
- 기준이 다르면 비교한 내용이 어색해질 수 있어요. 대상에 알맞은 기준을 정해야 해요.

4 아래 그림에서 서로 비교할 수 있는 것을 찾아 줄로 이어 보세요.

5 비교할 대상 두 가지를 골라 보세요. 그리고 무엇을 비교할 수 있는지 기준을 찾아보세요.

내가 고른 대상 : _____

비교할 기준 : 모양, 색깔, 크기, 방법, 쓰임새, 만든 재료, 사는 곳, 계절

6 위 기준에 따라 닮은 점과 다른 점을 써 보세요.

기준	
닮은 점	
다른 점	

비교한 내용을 자세히 써요

아래 글을 읽으며, 비교하면 좋은 점이 무엇인지 알아보세요.

> 새 필통을 샀다. 내 필통은 천으로 만들어졌으며 부드러워서 좋다. 색깔은 분홍색이고, 겉에 하얀 토끼 인형이 달려 있다.
> 내 짝꿍도 필통을 새로 샀다. 내 짝꿍 필통은 종이로 만들어졌고 네모난 모양이며 하얀색이다. 겉에는 인형 대신 만화가 그려져 있다. 둘 다 귀엽고, 새 필통이라서 깨끗하다.

(1) 무엇과 무엇을 비교했나요?

(2) 닮은 점은 노란색, 다른 점은 파란색으로 칠해 보세요. 그리고 닮은 점과 다른 점이 무엇인지 써 보세요.

(3) 비교하면 좋은 점은 무엇인가요?

특징이 분명하게 드러나서 정확한 판단을 할 수 있어요.

Tip 비교하면 좋은 점

- 비교하면 특징이 분명하게 드러나서 정확한 판단을 할 수 있어요.
- 비교해서 글을 쓰면 기준이 있기 때문에 내용이 쉽게 전달되며, 오래 기억되지요.

2 떡과 빵을 비교해 보려고 해요. 떡과 빵을 비교할 수 있는 기준을 정해 보세요.

재료	종류			
쌀과 밀가루	음식			

3 떡과 빵의 비교 기준을 보고 닮은 점과 다른 점을 나누어 보세요.

닮은 점	다른 점

Tip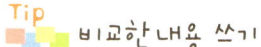

- 무엇과 무엇을 비교했는지 대상을 제목으로 써요.
- 재료나 맛처럼 기준이 같은 내용은 이어서 써요.
- 닮은 점은 닮은 점끼리 다른 점은 다른 점끼리 나누어서 써요.

4 앞 쪽에서 떡과 빵을 비교한 내용을 정리해서 써 보세요.

제목 :

감상 쓰기

꽃을 보고 '아름답다.', 흥부를 보고 '착하다.'라고 생각해 본 적이 있지요? 그렇게 다른 것을 보거나 듣고 마음속으로 깨닫거나 떠오른 것을 **느낌**이라고 해요. 책을 읽고, 생각이나 느낌을 써 보세요.

 **학습 목표**
1. 여러 가지 느낌을 알 수 있다.
2. 친구와 나의 느낌을 비교할 수 있다.
3. 책을 읽은 느낌을 글로 쓸 수 있다.

여러 가지 느낌을 알아보아요

1 그림을 보고 떠오르는 느낌을 써 보세요.

① 행복하다, 즐겁다,

② 속상하다, 억울하다,

③ 짜증난다,

2 느낌을 표현하는 또 다른 말을 찾아서 생각나는 대로 적어 보세요.

사랑한다,

따뜻하다,

무섭다,

Tip 느낌 표현하기

- 사람은 눈, 귀, 코, 입, 손이 있어서 느낄 수 있답니다.
- 이야기를 읽거나 영화를 볼 때, 음악을 들을 때, 맛있는 음식을 먹을 때의 느낌이 각각 다르지요.
- 여러 가지 낱말을 이용하면 느낌을 더 실감나게 표현할 수 있어요.

3 책이나 영화, 음악 중에서 기억나는 제목을 적어 보세요.

책	음악	영화

4 위 (3)에서 제일 좋아하는 것 한 가지를 고른 뒤 어떤 느낌이 들었는지 〈보기〉에서 골라 써 보세요.

신나다, 가슴이 두근두근하다, 설레다, 무섭다, 짜릿하다,
경쾌하다, 조마조마하다, 아쉽다, 행복하다, 안타깝다,
불쌍하다, 흥겹다, 부럽다, 신기하다, 걱정하다, 고맙다

제목 :

느낌 :

느낌을 비교해 보아요

친구가 시를 읽고 이야기를 하고 있어요. 읽고 물음에 답해 보세요.

새 친구 사귀기

이경애

아이들이
놀리지만 않으면
이야기 나누고 싶어.

아이들이
흉보지 않으면
손 잡고 싶어.

새 친구 사귀는 거
정말 어려워
개구쟁이들 때문에.

친구가 별로 없나 봐. 불쌍하다.

친구 놀리는 개구쟁이들 정말 미워.

(1) 이 시를 읽고 떠오르는 느낌을 써 보세요.

------

(2) 내 느낌과 친구의 느낌이 어떻게 다른지 비교해 보세요.

Tip 각각 다른 느낌

- 이야기를 읽고 느낌을 표현할 때에는 주인공이 한 일이나 재미있는 표현, 감동받은 부분에 대해 말하면 돼요. 친구들마다 느낌이 다를 수 있어요.
- 서로 다른 느낌을 비교해 보면 생각도 자라고, 재미도 있을 거예요.

2 친구들이 영화를 본 후에 떠오른 생각이나 느낌을 이야기하고 있어요.

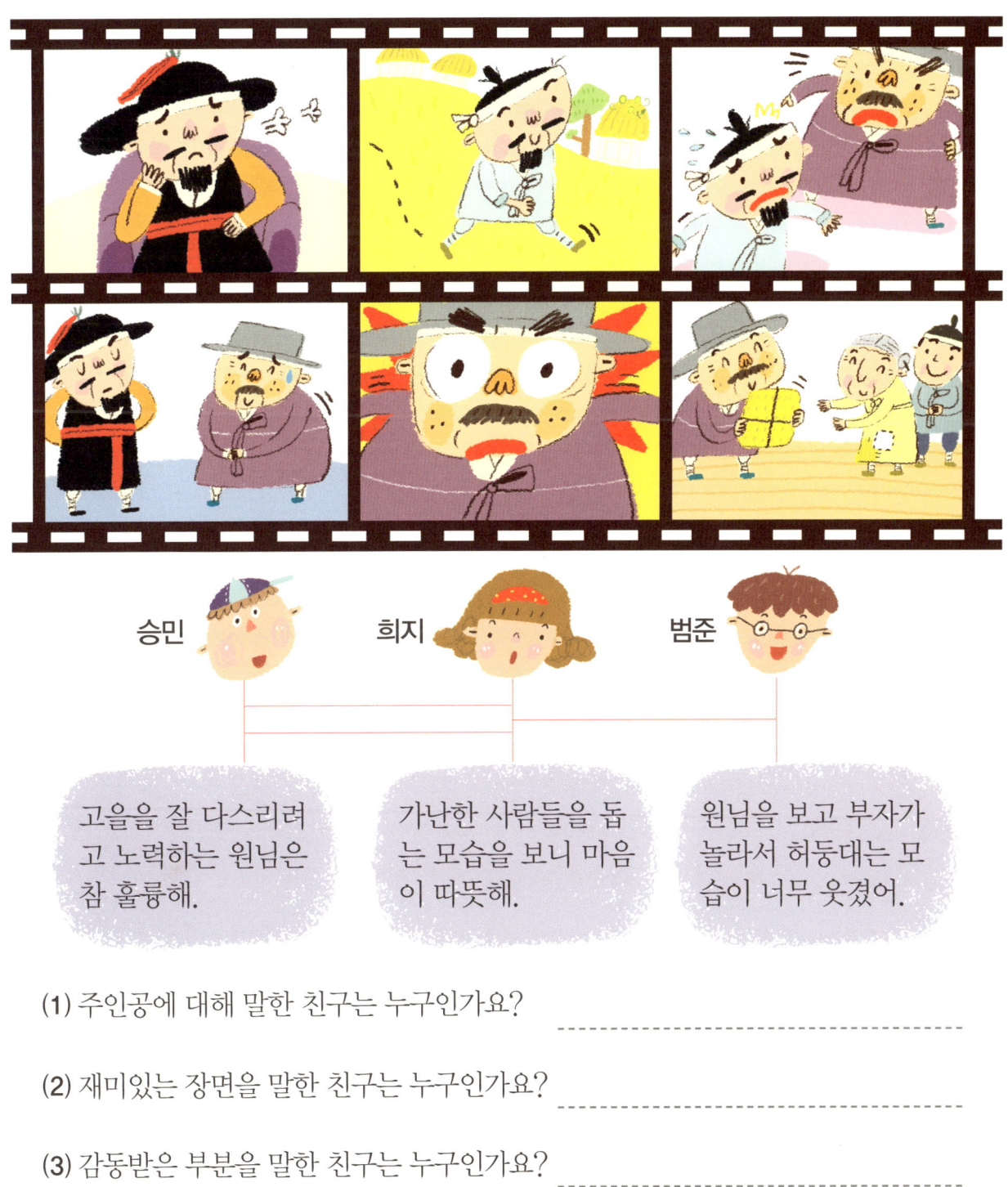

승민: 고을을 잘 다스리려고 노력하는 원님은 참 훌륭해.

희지: 가난한 사람들을 돕는 모습을 보니 마음이 따뜻해.

범준: 원님을 보고 부자가 놀라서 허둥대는 모습이 너무 웃겼어.

(1) 주인공에 대해 말한 친구는 누구인가요? _____

(2) 재미있는 장면을 말한 친구는 누구인가요? _____

(3) 감동받은 부분을 말한 친구는 누구인가요? _____

책을 읽고 내용과 느낌을 써요

| 책을 읽고 내용과 느낌을 쓴 글입니다. 읽고 물음에 답해 보세요.

신기한 이야기
〈납작이가 된 스탠리〉를 읽고

명덕 초등학교 2학년 이준탁

〈납작이가 된 스탠리〉를 읽었다.

스탠리가 천둥 치는 날 종이처럼 납작해졌다. 그래서 문틈으로 다닐 수도 있었고, 미술관에 들어온 범인을 몰래 따라가서 잡기도 했다. 나도 스탠리처럼 납작해지면 재미있을 것 같았다. 하지만 뼈가 어떻게 될까 하고 걱정도 했다.

사람들이 스탠리를 놀리자 스탠리는 친구들과 함께 놀 수 없었다. 그래서 스탠리는 슬펐다. 납작해지면 무조건 좋을 줄 알았는데 안 좋은 일도 있나 보다.

동생 아서가 바람을 넣어서 스탠리가 원래대로 돌아왔다. 아서는 형을 많이 걱정했다. 아서는 참 착하다. 우리 누나도 나에게 잘해 준다. 그런데 난 누나에게 잘해 주지 않고 떼를 더 많이 쓴다. 앞으로는 아서처럼 누나에게 잘해야겠다.

(1) 읽은 책의 제목은 무엇인가요?

(2) 책 내용을 쓴 부분에 밑줄을 그어 보세요.

(3) 준탁이는 이 책을 읽고 어떤 생각과 느낌이 들었다고 했는지 써 보세요.

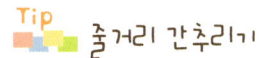 줄거리 간추리기

- 책을 읽고 생각이나 느낌을 쓰려면 줄거리를 순서대로 정리해야 해요.
- 먼저 누가, 어디서, 무슨 일을 했는지 써 보세요. 그리고 그 일이 어떻게 되었는지 뒷이야기도 밝혀야 해요.

2. 가장 기억에 남는 책은 무엇인가요? 내용과 느낌을 정리해 보세요.

책 이름	
내용	누가 나왔나요? 무슨 일이 생겼나요? 그 일은 어떻게 되었나요?
생각이나 느낌	

Tip 책 읽고 생각이나 느낌 쓰기

- 주인공에 대한 솔직한 생각을 써요.
- 가장 재미있었던 부분의 내용에 대해 써요.
- 감동받은 부분의 느낌을 써요.

3 앞에서 정리한 내용을 바탕으로 책을 읽은 느낌을 써 보세요.

	내 제목	처음에는 제목을 써요.
	책 제목	
		중간에는 이야기의 내용에 생각이나 느낌을 더해서 써요.
		끝에는 감동받은 점이나 배운 점을 써요.

정보 쓰기 (소개)

자신이 알고 있는 사실을 다른 사람에게 알려 주는 글을 **소개 글**이나 **정보 글**이라고 합니다. 소개하는 글을 쓸 때에는 정확한 사실을 자세히 알려 주는 일이 중요합니다.

학습 목표
1. 소개하는 글의 특징을 알 수 있다.
2. 특징을 살려 소개하는 글을 쓸 수 있다.

대상의 특징을 잘 살려야 해요

1 엄마와 함께 과일 가게에 갔어요. 주인 아저씨의 설명을 듣고 과일 이름을 알아맞혀 보세요.

이 과일은 모양은 동그랗고, 색깔은 대부분 붉은색이야. 속살은 연한 노란색이고, 껍질째 먹어도 되지만 보통 껍질을 깎아서 먹지. 무엇일까?

이번에는 길쭉한 모양에 노란색 과일이야. 매우 부드러워서 이가 없는 아기들도 먹을 수 있단다. 하지만 껍질을 아무 데나 버리면 안 돼. 미끄러질 수 있거든. 무엇이지?

2 여러분이 좋아하는 과일 한 가지를 설명해 보세요.

> **Tip** 소개하는 글쓰기
> - 대상을 소개할 때에는 특징을 살리기 위해 자세히 관찰하는 일이 중요해요.
> - 생각이나 느낌이 들어간 주관적인 의견보다는 사실을 중심으로 객관화된 내용만 이야기해야 해요.

3 다음 그림을 보고 인물들의 표정이 어떠한지 소개하여 보세요.

- 왼쪽에 있는 인형은 눈초리가 위로 올라가 있어서 화가 난 것 같아요.
- 가운데 인형은 _____
- 오른쪽에 있는 인형은 _____

4 다음 내용이 설명하고 있는 것은 무엇일까요? 아래 그림에서 찾아보세요.

① 동그란 모양의 음식입니다.
② 빵과 빵 사이에 토마토, 양상추, 오이 등의 야채와 햄, 치즈, 고기 등이 들어있습니다.
③ 언제 어디서나 손쉽게 먹을 수 있습니다.
④ 특히 어린이들이 좋아하지요.

5 김밥을 자세히 설명해 보세요.

나들이 갈 때 많이 싸 가지고 가요.
_____
_____

알기 쉬운 말로 표현해요

| 다음 두 친구의 대화를 읽고 물음에 답하세요.

어제 컴퓨터를 새로 샀어. 외양이 매우 세련되고, 사양도 고품격이야. 최신형이라 모니터가 대형 LED이고, 본체도 매우 슬림해서 공간도 적게 차지해. 본체 색상은 코발트색이어서 매우 편안하게 느껴져.

무슨 얘기야?

철수 / 민수

(1) 민수가 철수의 말을 알아듣지 못한 이유를 써 보세요.

----

(2) 철수가 산 컴퓨터입니다. 그림을 보고 알기 쉽게 설명해 주세요.

Tip 알아듣기 쉽게 소개하는 방법

- 대상을 소개할 때에는 알기 쉬운 말로 표현해요.
- 특히 인물을 소개할 때에는 겉모습과 함께 친구가 잘하는 것이나 별명, 함께 겪은 일 등을 생각해요.

2 철민이가 엄마에게 새로 전학 온 짝꿍을 소개하려고 합니다. 어떻게 이야기하면 좋을지 생각해 보세요.

(1) 먼저 이름부터 이야기해야지.
　　이름은 강민수.

(2) 어떻게 생겼지?
　　키는 나와 비슷하고, 얼굴이 조금 길쭉한 편이야. 눈은 동그랗고 안경을 썼어.

(3) 무슨 과목을 제일 좋아한다고 했지?
　　그래, 수학 시간이 제일 좋다고 했어. 구구단도 잘 외우고, 덧셈과 뺄셈도 잘해.

(4) 별명이 뭐였더라?

(5) 같이 있어서 좋았던 일은?

3 여러분이 철민이가 되어 강민수를 소개해 보세요.

　　새로 전학 온 내 짝꿍의 이름은 강민수예요.

소개하는 글을 직접 써 보아요

다음 글을 읽고 물음에 답해 보세요.

아프리카에 사는 친구에게

은석 초등학교 2학년 정영인

안녕? 난 대한민국에 사는 영인이라고 해. 넌 가을이 뭔지 아니? 가을은 우리나라 계절 중 하나인데, 9월부터 시작돼. 가을이 되면 나뭇잎이 온통 붉은빛이나 노란빛으로 물든단다. 가을 하늘은 여름 하늘보다 높고 구름 한 점 없이 맑아. 가을이 되면 우리나라에서는 국화, 코스모스, 해바라기 꽃들을 볼 수 있어. 과일도 많이 열리기 때문에 맛있는 사과와 배, 귤 등을 먹을 수 있어.

네가 사는 아프리카는 9월이 되면 어떤 모습이니? 학교에서 아프리카는 매우 더운 곳이라고 배웠는데, 네가 사는 곳도 그런지 궁금해. 너도 우리 나라에 와서 아름다운 가을 경치를 볼 수 있으면 참 좋겠구나.

(1) 무엇을 소개한 글인가요?

Tip 소개하는 글 쓰는 방법

- 소개하는 글은 어떤 사물이나 사람을 다른 사람이 알기 쉽게 알려 주는 글입니다.
- 소개하는 글을 쓸 때에는 소개하는 대상을 쉬운 말로 자세히 쓰는 것이 중요해요. 그러기 위해서는 대상의 특징이나 모습을 생각하며 짧은 문장으로 써 주면 좋습니다.

(2) 이 글을 아프리카 어린이에게 보내는 이유는 무엇일까요?

(3) 이 글을 읽고 알 수 있는 우리나라 가을에 대한 사실을 정리하여 써 보세요.

① 가을이 시작되는 시기 :

② 나뭇잎의 색깔 :

③ 가을에 볼 수 있는 꽃 :

④ 그 밖에 가을의 특징을 나타내는 것 :

(4) 위에서 정리한 내용을 바탕으로 우리나라 가을은 어떤 계절인지 한 문단으로 써 보세요.

> **Tip** 소개하는 글을 쓰는 방법에 대하여 다시 한번 생각해 볼까요?

① 소개할 대상의 특징이 무엇인지 생각해요.
② 대상을 차근차근 살피며 자세히 관찰해요.
③ 다른 사람이 금세 알 수 있도록 쉬운 말로 써요.
④ 조목조목 구체적으로 이야기를 풀어 나가요.

2 소개할 것을 정한 후에 소개하는 글을 써 보세요.

잠깐

소개하는 글을 써 보세요. 소개할 수 있는 대상에는 다음과 같은 것들이 있어요.

(1) 물건 소개 – 내가 좋아하는 과일, 새로 산 장난감 등.
(2) 사람 소개 – 나, 친구, 가족 소개 등.
(3) 사실이나 상황 소개 – 계절, 놀이 방법, 이야기 등.

겪은 일 쓰기

겪은 일 쓰기란 자신이 직접 겪었거나 본 일, 들은 일, 했던 일 등을 쓰는 것입니다. 하루 동안 겪은 일을 쓰면 '일기'가 되고, 시간에 상관없이 인상적인 경험을 쓰면 '생활문'이 됩니다. 생활과 감정을 솔직하게 담아 겪은 일을 써 보세요.

 **학습 목표**
1. 겪은 일을 쓰는 방법에 대하여 알 수 있다.
2. 겪은 일을 글감으로 한 글을 쓸 수 있다.

생각을 열어요

생활이 담긴 글의 종류와 특징을 알아보아요

| 생활이 담긴 글의 종류에는 어떤 것이 있을까요?
| 일기와 생활문이 있습니다.

| 다음 빈칸을 채워 보세요. 일기를 설명하는 곳에는 일기, 생활문을 설명하는 곳에는 생활문이라 쓰고, 두 글의 공통점은 가운데에 쓰세요.

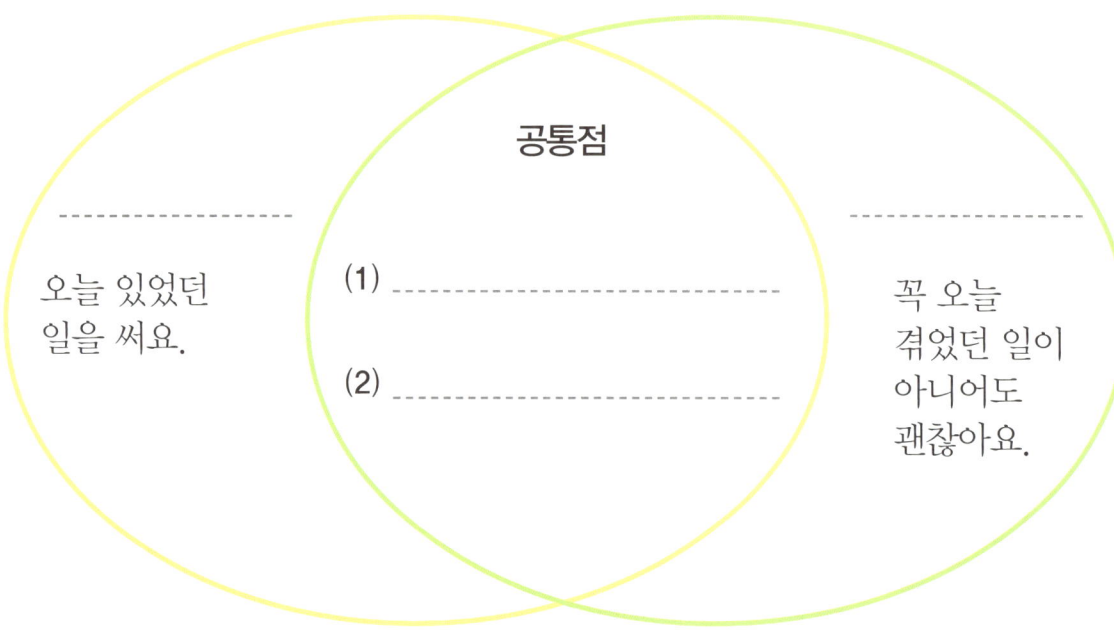

Tip 일기와 생활문

- 일기와 생활문은 직접 보거나 겪은 일을 쓴다는 점에서는 비슷하답니다.
- 일기는 그날 있었던 일을 써야 하지만, 생활문은 꼭 그날 겪었던 일이 아니어도 괜찮아요.

2 일기를 매일 쓰면 어떤 점이 좋은지 세 가지만 써 보세요.

(1) _____

(2) _____

(3) _____

3 일기에 꼭 들어가야 할 내용입니다. 물음에 대한 답을 써 보세요.

(1) 날 짜 – 날짜는 왜 쓰는 걸까요?

_____

(2) 날 씨 – 날씨는 왜 써야 할까요?

_____

(3) 제 목 – 제목이 없으면 어떨까요?

_____

(4) 내 용 – 어떤 이야기를 쓰면 좋을까요?
　　　　　자신이 직접 보거나 겪은 일을 써야 해요. _____

_____

(5) 느 낌 – 자신이 겪은 일이기 때문에 자신의 생각이나 느낌이 더해지면 더욱
　　　　　생생하게 기억할 수 있어요.

(6) 그 외 – 그림까지 그린다면 더 재미있지 않을까요?

일기의 특징과 쓰는 방법을 알아보아요

| 일기는 어떻게 쓰는 것이 좋을까요? 그날 있었던 일 가운데 가장 기억에 남거나 기록하고 싶은 일을 씁니다.

| 두 친구의 일기 가운데 어느 것이 더 잘 썼다고 생각하나요? 그 이유를 말해 보세요.

(1)

○○○○년 ○○월 ○○일, 해님이 방긋 웃은 날

오늘은 아침에 일어나서 세수하고 밥 먹고 학교에 일찍 갔다. 가는 길에 민주를 만나서 함께 갔다. 교실에 가니 석준이와 연희가 와 있었다. 국어 시간에는 받아쓰기 시험을 봤다. 난 두 개 틀렸다. 미술 시간에는 친구 얼굴 그리기를 했다. 난 내 짝꿍 주연이를 그렸다. 점심 시간에는 밥을 먹고 주연이와 밖에서 그네를 타고 놀았다.

(2)

○○○○년 ○○월 ○○일, 해님이 환히 웃은 날

미술 시간에 있었던 일이다. 친구 얼굴 그리기를 하였는데, 난 내 짝꿍 미진이를 그렸다. 미진이는 얼굴이 동그랗고 눈도 동그랗다. 그래서 동그라미를 먼저 그렸는데, 자꾸 동그라미가 찌그러졌다. 지우개로 지우고 다시 그려도 잘 안 그려져서 나중에는 미진이가 대신 그려 줬다. 미진이는 한 번에 그렸는데 나보다 동그라미를 잘 그렸다. 다 그리고 서로 바꿔 보았더니, 미진이가 그린 내 얼굴이 이상했다. 미진이도 자기 얼굴이 이상하다고 해서 우리는 막 웃었다.

나는 (　　　　)의 일기가 더 잘 썼다고 생각해요.

왜냐하면

Tip 일기 쓰는 방법

- 일기는 그날 있었던 일을 모두 쓰는 것보다 기억하고 싶은 일 중 한 가지를 중심으로 써야 해요.
- 남에게 보여 주는 글이 아니기 때문에 거짓 없이 솔직하게 써야 합니다.

2 다음 글을 읽고 글쓴이가 동생을 어떻게 생각하는지 써 보세요.

내 동생 금동이

내 동생 금동이는 개구쟁이입니다. 맨날 친구들에게 짓궂은 장난을 칩니다. 나는 그런 동생이 싫습니다. 빨리빨리 커서 동생이 개구쟁이 짓을 하지 않았으면 좋겠습니다. 그러나 눈이 큰 우리 동생이 자랑스러울 때도 있습니다. 가끔 이야기 차례가 되면 온갖 이야기를 다 섞어서 재미있게 들려주기도 합니다. 글을 모르는 우리 동생은 그림만 보고도 글자 박사처럼 척척 잘 이야기해 냅니다. 그런 동생을 보면 기쁩니다.

〈영이의 그림일기〉 황영, 위즈덤북

(1) 영이는 동생 금동이가 어떤 아이라고 썼나요?

---

(2) 영이의 느낌이 가장 솔직하게 나타난 부분에 밑줄을 그어 보세요.

겪은 일을 생생하게 써요

일기나 생활문을 쓸 때에는 겪은 일과 함께 자신의 느낌이나 생각도 함께 써요. 자신이 직접 겪은 일이기 때문에 그 일에 대한 느낌이나 생각이 드러나 있어야 합니다.

영이가 쓴 일기를 읽고 물음에 답해 보세요.

0월, 00일, 해님이 방긋 웃고 있어요

 머리가 아프고 열이 나서 엄마와 함께 병원에 갔다. 가는 길에 어떤 할머니를 보았다. 할머니는 리어카에 이상한 물건을 잔뜩 싣고 가고 있었다.
 "엄마, 저 할머니가 갖고 가시는 물건이 뭐야?"
 "응, 고물을 모으시는 할머니구나."
 "고물을 모아서 뭐하게?"
 "쓸 만한 물건은 재활용 센터에 갖다주고, 쓰지 못하는 물건은 쓰레기장에 보내시겠지."
 엄마의 설명을 들으니 그 할머니는 지구를 사랑하시는 분 같았다. 학교에서 지구가 쓰레기 때문에 몸살을 앓는다고 배웠는데 저 할머니가 지구를 더럽히는 고물들을 다 치워 주시면 지구가 좀 덜 아플 것 같다.

〈영이의 그림일기〉 황영, 위즈덤북

---

(1) 영이가 할머니의 모습을 보고 느꼈던 점이 표현된 부분을 찾아 써 보세요.

---

(2) 여러분은 할머니의 행동을 보고 무엇을 느꼈나요? 그 느낌을 적어 보세요.

Tip 겪은 일을 쓰는 법

① 일이 일어난 차례에 따라 자신의 생각과 느낌을 적습니다.
② 그렇게 생각하고 느낀 까닭도 씁니다.
③ 솔직하고 자세히 씁니다.

> 생활문의 특징과 쓰는 방법을 알아보아요.
> 생활문도 자신이 겪은 일을 글감으로 한다는 점에서 일기와 비슷해요.
> 하지만 생활문은 꼭 오늘 있었던 일이 아니라도 글감이 될 수 있답니다.

2 아래 그림은 여러분이 흔히 겪을 수 있는 일입니다. 한 가지를 골라 자신이 겪은 일을 써 보세요.

(1) 제목을 정해 보세요.

------

(2) 언제 있었던 일인가요?

------

(3) 어떤 일이 있었는지 자세히 써 보세요.

------

(4) 그때 기분이 어땠는지 써 보세요.

Tip 생활문 글감찾기

- 학교 수업 시간에 있었던 일, 가족과 함께 여행 간 일, 친구와 다툰 일, 새 친구를 만난 일, 현장 학습 간 일 등 여러분이 겪은 일은 모두 글감이 될 수 있어요.
- 글감을 잘 정해야 재미있고 짜임새 있는 글을 쓸 수 있답니다.

3 다음 보기를 참고하여 생활문을 써 보세요.

> **보기**
> ① 자신이 직접 겪었거나 보았던 일을 글감으로 정해요.
> ② 솔직하고 자세히 써요.
> ③ 그 일에 대한 느낌이나 생각도 써요.
> ④ 대화 글을 쓰면 더 재미있고 생생한 느낌을 준답니다.

(1) 여러분이 쓰고 싶은 이야기가 무엇인지 글감을 정해 보세요.

---

(2) 위에서 정한 글감으로 생활문을 써 보세요.

마음 쓰기

마음 쓰기란 멀리 있는 사람에게 하고 싶은 말을 전하거나 말로 하기 어려운 이야기를 글로 표현하는 방법입니다. 많이 쓰는 방법으로 편지글이 있습니다.

학습 목표
1. 멀리 있는 사람에게 하고 싶은 이야기를 전하는 방법을 알 수 있다.
2. 편지글의 특징을 알고 편지글을 쓸 수 있다.

마음을 전하는 방법을 알아보아요

1. 다음 그림을 보고 무엇을 하고 있는지 써 보세요.

전화 걸기

전자 우편(이메일) 보내기

2. 멀리 있는 사람에게 마음을 전하는 전화와 편지의 공통점과 차이점에 대하여 써 보세요.

전화 / 편지

공통점
(1) 소식을 전할 수 있어요.
(2)

언제, 어디서든지 쉽게 이야기할 수 있어요.

높임말에 대하여 알아보아요

1 다음 그림을 보고 민수의 말이 무엇이 잘못되었는지, 빈칸에 써 넣으세요.

만수는 어른들께 _____ 을 쓰지 않았어요.

2 위 그림에서 민수가 할아버지께 한 말을 높임말로 고쳐 보았어요.
   빈칸에 알맞은 말을 써 보세요.

 글을 쓰거나 대화를 할 때에는 대화하는 상대방에게 알맞은 말을 써야 해요.
어른께는 높임말을, 친구끼리는 예사말을 쓴답니다.

높임말에 대하여 알아보아요

3 다음 예사말을 높임말로 고쳤을 때 알맞은 것끼리 줄로 이어 보세요.

4 다음 예사말을 높임말로 고쳐 보세요.

(1) 밥을 먹다 – 진지를 잡수시다.

(2) 말을 한다 –

(3) 병이 났다 –

(4) 밖에 나가다 –

(5) 갖다주다 – 가져다드리다.

(6) 집에 있다 –

(7) 잠을 잔다 –

Tip 높임말

- 우리말은 친구끼리 하는 말과 어른께 하는 말이 서로 달라요.
- 어른께 말씀드릴 때에는 꼭 높임말을 쓰는 예절 바른 어린이가 되어야 해요.

5 다음 문장에서 색으로 표시한 부분을 높임말로 고쳐 보세요.

> 할아버지께
>
> 안녕하세요? 저, 민수예요.
> 지난 여름 방학 때 할아버지 집에 놀러 가서 참 재미있게 놀았어요.
>
> 삼촌이랑 냇가에서 물고기도 잡고, 민지하고 물장난도 치며 놀은 게 제일 기억에 남아요. 할머니가 쪄 주신 옥수수도 정말 맛있었어요.
> 할머니께서 주신 감자도 맛있게 먹고 있어요.
> 할아버지, 할아버지가 아프다고 아빠가 걱정을 많이 해요.
>
> 그 말을 듣고 나는 많이 울었어요.
>
> 누구보다 할아버지는 나를 예뻐해 주시잖아요.
>
> 약 먹고 빨리 나아서 겨울 방학 때 내가 할아버지 댁에 가면
>
> 연을 만들어 주세요.
> 빨리 겨울 방학이 왔으면 좋겠어요.
> 할아버지, 제가 갈 때까지 건강하게 있어야 해요.
>
> 안녕히 계세요.
>
> 00월 00일 민수가

편지를 쓰는 법을 알아보아요

1 다음 강미의 편지를 읽고 물음에 답하세요.

> 안녕, 민지야. 나 강미야.
> 잘 지냈니? 지난번에 우리 싸운 일에 대해서 생각해 봤는데, 왜 싸웠는지 잘 모르겠어. 유미가 내 공책을 빼앗아 갔잖아. 그런데 인경이는 왜 울었지? 지윤이가 너 때문에 숙제를 못했다고 하던데, 어떻게 된 일이니? 내일 체육 시간에는 피구 시합하자. 선생님께 말씀드릴 거야.
> 미술 시간에 공룡을 만들었는데 다른 애들이 자꾸 강아지라고 해서 속상했어. 너는 뭐 만들었니?
> 그럼 잘 있어. 내일 학교에서 보자.
>
> 0000년 00월 00일 강미가

(1) 강미가 민지에게 보낸 편지를 읽고 무슨 내용인지 알 수 있나요?
그렇지 않다면 왜 그런지 이유를 써 보세요.

(2) 강미가 어제 민지와 싸운 일에 대하여 사과 편지를 보내려고 합니다.
여러분이 강미가 되어 알맞은 내용으로 고쳐 쓰세요.

민지에게

안녕, 난 강미야. 어제 우리가 싸우고 나서 집에 가 곰곰이 생각해 봤어.

Tip 편지글을 잘 쓰려면…

- 편지글을 잘 쓰려면 상대방이 알아듣기 쉽게 말의 앞뒤가 맞게 써야 해요.
- 일정한 형식에 맞추어 써야 해요.

2 다음 편지를 읽으며 편지글의 짜임에 대하여 알아보세요. 빈칸에 들어갈 말을 〈보기〉에서 골라 써 넣으세요.

첫인사, 받는 사람, 하고 싶은 말, 쓴 날짜, 쓴 사람, 끝인사

현이에게

　이곳에 이사 와서 너에게 처음으로 쓰는 편지야. 그동안 어떻게 지냈니? 난 새로 전학 온 곳에 금방 적응해서 친구들도 많이 사귀고 즐겁게 지내고 있어.
　얼마 전에 놀이 동산 무료 이용권을 이메일로 받았어. 한 달 전에 이벤트에 참가했었는데 당첨됐나 봐.
　네 사람이 쓸 수 있는 이용권인데, 너와 함께 갔으면 좋겠어. 나머지 두 명은 내가 이곳에 와서 사귄 친구들인데 너도 보면 금방 친해질 수 있을 거야. 둘 다 정말 좋은 친구들이거든.
　다음 주 토요일, 놀이 동산 입구에서 만나자. 엄마가 김밥도 싸 주신다고 하셨으니까 신나게 놀다 오자. 벌써부터 다음 주가 기대된다.
　그럼 또 편지할게.
　안녕!

　　　　　　　　　0000년 0월 0일
　　　　　　　보고 싶은 현아에게 민주가

Tip 편지를 쓸 때에는?

- 하고 싶은 이야기를 써요.
- 받는 사람에 따라 알맞은 말을 써야 해요.
- 상대방이 알아들을 수 있도록 쉬운 말로, 자세히 써야 해요.

3 지금까지 배운 내용으로 편지를 써 보세요.

누구에게 _____

어떤 내용으로 _____

받는 사람 ▶	
첫인사 ▶	
하고 싶은 말 ▶	
끝인사 ▶	
쓴 날짜 ▶	
쓴 사람 ▶	

생각 쓰기

생각 쓰기란 자신의 생각을 다른 사람에게 알리기 위해 쓰는 글입니다. 자신의 생각이 담긴 글을 쓸 때에는 알맞은 까닭과 함께 써야 합니다.

학습 목표
1. 자신의 생각이 담긴 글의 특징을 알 수 있다.
2. 적절한 생각과 까닭이 담긴 글을 쓸 수 있다.

생각이 담긴 글의 의미를 알아보아요

다음 대화를 읽고 생각이 담긴 글을 쓰는 방법에 대하여 알아보세요.

철 수 : 내 생각을 다른 사람에게 이야기할 때에는 어떻게 하는 것이 좋을까요?

선생님 : 우선 말도 안 되는 주장을 해서는 안 돼. 예를 들어 21세기 첨단 과학의 시대에 살면서 갑자기 '우리 원시 시대로 돌아가자.'라는 주장을 한다면 다른 사람들이 네 생각에 동의하겠니?

철 수 : 저를 이상한 아이로 볼 것 같아요. 그런 다음에는 어떻게 해요?

선생님 : 네가 이런 생각을 이야기하게 된 동기에 대하여 알려 주는 것도 필요하단다. 그래서 다른 사람들이 네 의견에 동의할 수 있게 알맞은 까닭을 들어 이야기를 하는 것이 중요해.

의견을 전달하기 위해서는 어떻게 하는 것이 좋을까요? 다음 빈칸을 채우며 정리해 보세요.

내 의견을 다른 사람에게 알리기 위해서는,

알맞은 _____ 이 있어야 하고,

알맞은 _____ 이 있어야 해요.

Tip 생각이 담긴 글은 어떻게 쓸까요?

- 자신의 생각을 잘 전달하기 위해서는 다른 사람이 자신의 생각에 공감할 수 있도록 말해야 해요. 그러기 위해서는 자신의 생각을 뒷받침할 수 있는 까닭을 드는 것이 중요해요.

2. 다음 대화를 읽고 물음에 답해 보세요.

> 윤경: 교실이나 복도에서 뛰면 먼지가 나니까 실내에서는 조용히 걸어 다녀야 해.
> 수지: 난 교장 선생님이 무서워. 그러니까 교장 선생님만 보면 무조건 도망가야 해.
> 용수: 책을 많이 읽으면 아는 것이 많아지니까, 아침 자습 시간에 책 읽는 시간을 가지면 좋겠어.
> 경민: 급식 시간에 내가 좋아하는 반찬이 나오면 무조건 많이 받고 봐야 해.

공감할 수 있는 생각과 공감할 수 없는 생각을 이야기한 친구는 누구인가요?

	이 름	그렇게 생각한 이유
공감할 수 있는 말을 한 친구		
공감할 수 없는 말을 한 친구		

3. 다음 두 글을 읽고 좋지 않은 까닭을 쓴 글은 어떤 것인지 찾아보세요.

(1) 이번 가을 운동회에는 선생님과 함께하는 놀이가 많았으면 좋겠어요. 그래야 선생님들과 가까워지고, 선생님들도 우리와 같이 신나게 놀 수 있으니까요.

(2) 이번 가을 운동회에는 선생님과 함께하는 놀이가 많았으면 좋겠어요. 그래야 선생님을 골탕먹일 수 있으니까요.

난 (   )의 글은 좋지 않다고 생각해요. 왜냐하면 _____

생각과 까닭의 관계를 알아보아요

1. 다른 사람이 자신의 생각을 잘 알 수 있도록 글을 쓰려면 알맞은 까닭을 드는 것이 중요해요. 다음 〈보기〉처럼 자신의 생각에 대한 까닭을 써 보세요.

> 얘들아, 교실이나 복도에서는 뛰어다니면 안 돼.
> - 왜냐하면 시끄러워서 다른 사람에게 방해가 되기 때문이야.
> - 그리고 다른 사람과 부딪혀서 다칠 수 있기 때문이란다.

(1) 엄마, 용돈을 조금만 올려 주세요.

　왜냐하면 _____

(2) 민지야, 어른들을 만나면 인사를 잘해야 해.

　왜냐하면 _____

_____

2. 다음 까닭에 대한 알맞은 생각을 한 문장으로 써 보세요.

(1) _____

왜냐하면 친구가 싫어하는 별명을 부르면 기분이 나쁘기 때문입니다.

(2) _____

왜냐하면 손에 나쁜 병균이 묻어 있을 수도 있기 때문입니다.

Tip 알맞은 까닭이 중요한 이유

- 알맞은 생각을 하는 것도 중요하지만 그 생각을 뒷받침하는 까닭도 중요해요.
- 다른 사람이 여러분이 말한 까닭을 듣고 옳다고 고개를 끄덕이게 만들어야 해요.

3 다음 글을 읽고 글쓴이의 생각이 나타난 문장에는 '생각', 까닭이 나타난 문장에는 '까닭'이라고 쓰세요.

> 지난번 광릉 수목원으로 현장 학습을 갔을 때의 일입니다. 어른들이 '들어가지 마시오.'라고 팻말이 써 있는 잔디밭에 들어가서 사진 찍는 모습을 보았습니다.
>
> 저는 잔디밭에 함부로 들어가면 안 된다고 생각합니다.
> (   )
>
> 왜냐하면 사람들이 들어가면 잔디와 꽃이 밟혀 죽을 수 있기 때문입니다.
> (   )
>
> 작은 꽃도 생명이 있는데 사람들이 마구 짓밟아서는 안 됩니다.
> (   )

4 민수가 공부 시간에 휴대 전화로 장난을 하고 있어요. 여러분이 짝꿍이라면 어떤 말을 해 주고 싶은지 써 보세요.

민수야, 공부 시간에 휴대 전화로 장난치지 마. 왜냐하면 _____

_____

_____

_____

생각을 뒷받침하는 까닭의 중요성에 대하여 알아보아요

친구들이 모둠 발표회를 가지려고 합니다. 모둠원들의 대화를 읽고 물음에 답해 보세요.

미연: 우리 모둠은 아기 돼지 삼 형제 이야기로 연극을 하자. 연극하면 무지 재미있을 거야.

철수: 아니 그것보다 악기 연주를 하면 어때? 난 피아노를 잘 칠 수 있거든.

정민: 노래를 부르는 게 어떨까? 노래는 우리 모둠원이 모두 참가할 수 있잖아. 연습하면 잘할 수 있을 거야.

영훈: 난 아무거나 해도 상관없어. 너희들이 알아서 해.

(1) 자신의 생각을 알맞은 까닭과 함께 이야기한 친구는 누구인가요?

---

(2) 위에서 고치고 싶은 친구의 말이 있나요?
    누구의 말을 어떻게 고치고 싶은지 써 보세요.

    ( ) 의 말을 이렇게 고치겠습니다.

    우리 모둠은

    왜냐하면

Tip 생각과 까닭의 관계

생각과 까닭의 관계는 단추와 단춧구멍 같아요. 단춧구멍이 크거나 작으면 단추를 채울 수 없듯이 생각이 올바르지 않으면 까닭도 적절하지 않고, 까닭이 적절하지 않으면 생각도 엉뚱해 보이기 때문이에요.

2 다음 그림에서 말하고자 하는 내용이 무엇인지, 생각과 까닭으로 나누어 각각 한 문장으로 써 보세요.

(1)

- 생각 : 텔레비전을 너무 많이 보는 것은 좋지 않다.
- 까닭 :

(2)

- 생각 :
- 까닭 :

(3)

- 생각 :
- 까닭 :

Tip 나의 생각이 담긴 글을 쓸 때에는……

- 혼자만의 생각이 아니라 모든 사람이 공감할 수 있는 생각이어야 해요.
- 다른 사람들이 여러분의 생각에 찬성할 수 있도록 알맞은 까닭이 있어야 해요.

3 다음 그림을 보고 무슨 생각이 떠오르나요? 그 생각을 뒷받침할 수 있는 까닭 세 가지를 들어 글을 완성해 보세요.

제목 :

쓰마랑 꼭 알아야 할 문장 부호

단 하나의 문장을 써도 문장에는 문장 부호가 반드시 들어간답니다.
마침표, 쉼표, 물음표, 느낌표 등등. 이렇게 많은 문장 부호, 혹시 잘못 쓰고 있지는 않나요?
문장 부호의 올바른 쓰임에 대해 공부해 보아요.

- **. (온점)** – 마침표의 하나. 일반적인 문장의 끝에 씁니다.
  예) 그 애는 학교에 갔다. / 같이 집에 가자.

- **? (물음표)** – 마침표의 하나. 직접 질문할 때나 의문 혹은 의심을 나타낼 때 씁니다.
  예) 평소에 몇 시에 일어나니? / 그 사탕 혹시 네가 먹지 않았니?

- **! (느낌표)** – 마침표의 하나. 감탄이나 놀라움, 외침 등의 강한 표현을 할 때 씁니다.
  예) "아, 정말 예쁘다!" / "거기서 뭐하는 거야!"

- **, (반점)** – 쉼표의 하나. 같은 종류의 단어가 계속될 때, 편을 갈라 묶을 때, 끊어 읽어야 할 때 씁니다.
  예) 설악산, 백두산, 한라산 등은 우리나라의 산이다. / 닭과 지네, 개와 고양이는 상극이다.

- **…… (말줄임표)** – 말이 없거나 할 말을 줄였을 때 쓰며, 점 6개를 찍는 것이 원칙입니다.
  예) "늑대가 나타났다! 늑대가……." / "……."

- **" " (큰따옴표)** – 대화를 할 때나 남의 말을 인용했을 때 씁니다.
  예) "너희 집은 어디에 있니?" / "응, 저 언덕 위에 있어."

- **' ' (작은따옴표)** – 마음속으로 한 말을 적을 때나 강조하고 싶은 대목에 씁니다.
  예) '휴, 내가 경미랑 있었던 거 아무도 모르겠지?' / 그곳에는 '아무도' 없었다.

 문장 부호는 문장의 뜻을 좀 더 확실하게 전해 주는 도구예요.
문장 부호를 알맞게 사용하면 하나의 문장도 여러 가지 뜻으로 바뀔 수 있답니다.
문장 부호를 잘 사용해서 다양한 문장을 만들어 보아요.

생각동화 느림보의 모험

세상에서 자신을 가장 못났다고 여기는 아기 거북이 있었습니다.
"엄마, 나는 왜 느림보야? 다른 짐승들은 다들 껑쭝껑쭝 잘 뛰어다니는데."
"또 느림보 타령이로구나. 그 대신 너는 바다 속에서는
누구 못지않게 빠르지 않니?"
엄마 거북은 아기 거북의 등딱지를 쓰다듬으며 도닥거려 주었습니다.

'내가 느림보가 된 건 이 거추장스러운 등딱지 때문이야.'
아기 거북은 데굴데굴 구르며 외쳤습니다.
"난 언젠가 이 무거운 등딱지를 벗고 말 거야!"

어느 날, 아기 거북은 엄마 몰래 뭍으로 나들이를 나섰습니다.
아기 거북은 흐르는 땀방울을 산들바람으로 말리며,
부지런히 네 다리를 놀려 바닷가 언덕 위로 올라갔습니다.
"독수리님, 독수리님! 어서 제 등딱지를 가져가세요."
아기 거북은 그 말이 자기의 생명을 앗아 가라는 뜻인지도 모르고
독수리를 목이 터져라 찾았습니다.

때마침 하늘을 빙빙 돌며 먹잇감을 찾고 있던 독수리 한 마리가
아기 거북을 발견하고는 쏜살같이 달려들었습니다.
아기 거북은 자기의 소원을 들어줄 독수리를 팔을 벌려 반겼습니다.
독수리는 잘 되었다는 듯이 날카로운 부리로
아기 거북의 머리부터 쪼려 했습니다.
그제서야 겁이 더럭 난 아기 거북은
몸을 움츠려 등딱지 속으로 숨었습니다.

그러나 독수리는 아랑곳하지 않았습니다.
아기 거북의 연약한 등딱지를 후벼 파려고
부리를 세차게 내리 찍었습니다.
그 순간, 독수리는 신음 소리를 내지르며
날개를 푸득거려 다시 하늘로 날아올랐습니다.
아기 거북을 찾아 나선 엄마 거북이
바위처럼 단단한 자신의 등딱지로 독수리를
막아선 것입니다. 엄마를 따라 바다로 돌아가는 아기 거북은
자기의 등딱지가 자랑스러워 느릿느릿 발걸음을 옮겼습니다.

이인

쓰마와 함께하는 가족들 호칭

친척들이 한자리에 모이는 날, 친척 분들을 어떻게 불러야 할지 몰라서 곤란했던 적이 있나요?
잘못 부르면 버릇없는 아이가 될 것 같고 여쭈어 보기에도 부끄럽다면,
여기에서 친족 사이의 호칭을 익혀 보아요.

친족	가리킬 때	자기를 가리킬 때	남이 말할 때
할아버지	살아 계실 때 : 조부	소손, 불초손	왕대인
	돌아가셨을 때 : 선조부	효손	선왕대인
할머니	살아 계실 때 : 조모	소손, 불초손	왕대부인
	돌아가셨을 때 : 선조모	효손	선왕대부인
아버지	살아 계실 때 : 가친, 엄친	소자, 불효자	춘부장, 춘장
	돌아가셨을 때 : 선친, 선고	고자, 효자	선대인, 선장
어머니	살아 계실 때 : 자친, 모친	소자, 불효자	자당
	돌아가셨을 때 : 선비	애자, 효자	선대부인
큰아버지	살아 계실 때 : 백부	조카, 질	백부장, 백완장
	돌아가셨을 때 : 선백부	조카, 질	선백완장
큰어머니	살아 계실 때 : 백모	조카, 질	존백모
	돌아가셨을 때 : 선백모	조카, 질	선백모부인
작은아버지	살아 계실 때 : 숙부	조카, 질	완장
	돌아가셨을 때 : 선숙부	조카, 질	선완장
작은어머니	살아 계실 때 : 숙모	조카, 질	존숙모
	돌아가셨을 때 : 선숙모	조카, 질	선숙모부인

엄청나게 많지요? 사실 이 말들은 조금 오래된 말이라서 일상생활에서 자주 쓰지는 않아요. 하지만 집안의 행사나 다른 사람들을 만났을 때 가족을 소개하거나 또는 소개받을 때를 대비하여 한 번쯤 익혀 두는 것도 좋지 않을까요?

체험 쓰기

▶ 생각을 열어요 (6~7쪽)

1. [모범답안]
정민이와 영수 (체험은 직접 경험을 말합니다.)
2. [모범답안]
책이나 TV 등을 통해 얻은 지식은 간접 체험이에요. 직접 체험을 하면 더 생생하게 느낄 수 있고, 오래 기억할 수 있어서 좋아요.
3. [글잡이]
유치원부터 초등학교까지 현장 학습이나 수련회 등 체험 활동을 많이 합니다. 아이들이 체험했던 것을 같이 이야기하면서 체험의 종류가 다양하다는 것을 알 수 있도록 도와주세요.
4. [글잡이]
아이가 체험했던 것을 선택하여 글을 쓸 수 있도록 도와주세요.
예) • 체험 – 전통 문화 체험인 도자기 만들기.
• 새로 알게 된 사실 – 흙은 원래 울퉁불퉁한데 도자기를 만들면 매끄러워져요. 또 높은 열에서 오랜 시간 도자기를 구워야 해요.

▶ 생각을 키워요 (8~9쪽)

1. [모범답안]
(1) 민우가 순서대로 말하지 않았기 때문이에요.
(2) 물을 바르며 작은 화분을 만들었어요.
2. [모범답안]
(1) 호미, 낫, 지게, 짚으로 만든 그릇, 벼, 등.
[글잡이]
(2) 〈보기〉에서 새로 알게 된 내용을 보면 '벼는 나무가 아니다'라는 내용이 있습니다. 그러므로 체험 학습 가기 전에는 벼를 나무처럼 그려야 합니다.

▶ 생각을 펼쳐요 (10~11쪽)

1. [글잡이]
체험한 내용을 쓴 글이에요. 문단을 잘 읽고 질문에 대답해 보세요.
(1) 농업 박물관에 다녀와서 (다녀온 장소를 알 수 있도록 제목을 붙였어요. 그 밖에 체험한 내용, 보고 들은 것을 중심으로 제목을 붙일 수 있어요.)
(2) 농업 박물관에 가서 아주 옛 옛날부터 낫이나 호미가 있었다는 것을 알게 되었다. 옛날에는 낫이나 호미 만드는 방법을 어떻게 알았는지 궁금하다.
(3) (2)에서 정리한 문장은 박물관에 가서 안 사실과 그것을 알고 난 후에 생긴 궁금증입니다. (가)는 박물관에 다녀왔다는 사실이고, (나)는 박물관에 가기 전의 내용이기 때문에 맞지 않습니다. (다)는 체험 학습가서 느낀 점을 이야기하고 있기 때문에 (다)에 들어가야 합니다.
2, 3. [글잡이]
아이의 체험과 기준에 따라 대답할 수 있도록 지도해 주세요. 글쓰기의 준비 과정이므로 부담스럽지 않게 간단히 메모하는 수준이면 됩니다.
4. [글잡이]
앞에서 메모한 것을 기준으로 체험한 내용과 생각을 넣어 한 편의 글을 쓸 수 있도록 지도해 주세요. 가기 전→가서 한 활동→시간 순서를 지키도록 하고, 체험한 사실에 자신의 생각이나 느낌을 함께 쓸 수 있도록 지도해 주세요.

표현 쓰기 (동시)

▶ 생각을 열어요 (14~15쪽)

1. **[글잡이]**
   시와 줄글의 차이를 알고 어떤 느낌이 드는지 자유롭게 쓸 수 있게 해 주세요.
   (1) 마음이 담겨 있어요. 일이 있었던 순서대로 썼어요.
   (2) 동시는 짧은데 줄글은 길어요. 동시는 반복되는 낱말이 있는데 줄글은 반복되는 낱말이 없어요. 동시는 연과 행으로 나뉘어 있는데 줄글은 이어서 써요.

2. **[모범답안]**
   (1) 보들보들 부드러운 토끼털
   (2) 전학을 가서 보고 싶은 내 친구

▶ 생각을 키워요 (16~17쪽)

1. **[정답]**
   (1) 포옥, 자박자박, 호오호오, 비뚤비뚤
   [모범답안]
   (2) 있을 때 : 장면이 생생하게 떠오른다. 노래하는 것 같다. 느낌이 실감나게 전해진다.
   없을 때 : 사실을 전달하는 글처럼 딱딱하다. 리듬감이 없다.

2. **[글잡이]**
   그림을 보며 표현하는 말을 쓸 수 있게 지도해 주세요.
   (1) 금붕어 – 살랑살랑 꼬리 치는 금붕어 : 뻐끔뻐끔 얘기하는 금붕어
   물방울 – 보글보글 떠오르는 물방울
   (2) 표현하고 싶은 것은 : 가족의 웃는 모습
   어울리는 말은 : 방글방글 해바라기 닮은 가족, 방긋 웃는 나, 방긋 미소 짓는 아빠, 엄마

▶ 생각을 펼쳐요 (18~20쪽)

1. **[글잡이]**
   주변에서 글감을 찾을 수 있도록 도와주세요. 개미, 장미, 가방, 가로수, 친구의 모자 등 어느 것이라도 상관없습니다.

2. **[글잡이]**
   시를 보고 드는 느낌을 자유롭게 표현해 보세요. 예) 신기하다, 궁금하다, 재미있다, 등.

3. **[글잡이]**
   '산' 하면 떠오르는 생각을 주어진 단어에 맞게 표현해 보세요.
   예) (1) 색 – 초록색, 빨간색, 노란색, 갈색, 연두색, 분홍색, 등.
   본 것 – 나무, 시냇물, 사람들, 절, 다람쥐, 음식점, 등.
   기억에 남은 일 – '야호' 하고 소리친 일, 맛있는 음식을 먹은 일, 꽃이 엄청나게 많이 피어 있던 일, 도토리를 주운 일, 등.
   (2), (3), (4) 활동은 동시를 쓰기 위한 준비이며 아이의 느낌에 따라 다를 수 있습니다. 아이가 고른 글감에 어울리는 생각이나 흉내 내는 말이면 무엇이든 가능합니다.

4. **[글잡이]**
   아직 연과 행이 분명하지는 않을 수 있습니다. 느낌을 살려 적절히 연과 행을 나누며 동시를 쓸 수 있도록 지도해 주세요.

상상 쓰기

▶ 생각을 열어요 (22~23쪽)

1. **[정답]**
   ③, ⑤

2. **[글잡이]**
   평소에 자주 하는 상상 중에 재미있는 내용을 소개할 수 있도록 도와주세요.

3. **[글잡이]**
   엄마 닭과 병아리가 무슨 말을 주고받을지 상상해서 자유롭게 글을 쓸 수 있도록 도와주세요.

4. [글잡이]

그림들 다음에 나올 수 있는 상황을 상상해서 그릴 수 있도록 도와주세요.

예) 엄마가 여자아이를 찾으러 나온 그림, 엄마에게 야단맞는 장면, 여자아이가 헐레벌떡 집으로 뛰어가는 장면, 등.

▶ 생각을 키워요 (24~25쪽)

1. [글잡이]

다솔이에게 일어난 일이 무엇인지 생각하며 읽어 보세요.

2. [글잡이]

③ 어느 날 쿵 하는 소리에 놀라 잠을 깼어요.
④ 하지만 밖엔 하얀 눈이 펄펄 내리고 있었어요.

3. [글잡이]

글을 잘 읽고 뒷부분에 어떻게 되어 있을지 자유롭게 상상할 수 있도록 지도해 주세요.

예) 다솔이는 다시 잠을 잤을 것이다. / 다솔이는 밖에 나가 보았을 것이다.

4. [글잡이]

코스모스를 보면 어떤 생각이 나는지 생각해 보고 그림에 어울리는 단어를 찾아 표현할 수 있도록 도와주세요.

예) 모습 – 하늘하늘 코스모스, 산들산들 코스모스
    색깔 – 알록달록 코스모스, 분홍빛 코스모스
    느낌 – 아름다운 코스모스, 귀여운 코스모스

5. [모범답안]

쌩쌩, 많이, 커다란, 빨리, 하얀, 펄펄, 따뜻한

6. [글잡이]

3번에서 쓴 문장에 어울리는 꾸미는 말을 넣어쓸 수 있도록 도와주세요.

예) 다솔이는 궁금한 표정이었지만 몹시 졸렸습니다.

▶ 생각을 펼쳐요 (26~28쪽)

1, 2. [글잡이]

이야기를 읽으며 가운데 부분을 상상하며 읽을 수 있도록 지도해 주세요. 이야기 상상하기는 자유로운 상상과는 차이가 있습니다. 이야기의 앞뒤를 살펴보며 상상할 수 있도록 도와주세요. 아이가 상상한 것과 실제 이야기를 비교해 보면 더욱 재밌습니다.

실제 이야기

– 주인은 소금 장수에게 나무 위에 올라가 잠을 자라고 시켰다. 소금 장수는 시키는 대로 나무 위에서 잠을 자고 일어났는데 나무 아래에 호랑이들이 죽어 있었다. 나무 위에 있던 사람 냄새를 맡고 호랑이들이 몰려왔다가 묻어 놓은 칼에 찔려 죽은 것이다.

3, 4. [글잡이]

뒷이야기 상상하기는 앞이야기와 자연스럽게 이어져야 하고 결말이 있어야 합니다. '부엌 선반에 처박혀 있던 찻주전자에게 새로운 생활'이 되려면 찻주전자가 다시 필요한 물건이 되도록 써야 합니다.

5. [글잡이]

상상한 뒷이야기를 동화처럼 써 볼 수 있도록 도와주세요. 깨진 주전자가 활용될 수 있는 방법이면 무엇이든 가능합니다. 쓸 때 꾸미는 말을 넣어서 자세히 표현할 수 있도록 지도해 주세요.

비교 쓰기

▶ 생각을 열어요 (30~31쪽)

1. [글잡이]

사진을 보고 친구들의 대화를 읽으며 어떤 식으로 비교하는지 알 수 있도록 도와주세요.

2. [모범답안]

예원 : 색깔, 수범 : 모양, 하성 : 맛

3. [모범답안]

민지와 하성

4. [모범답안]

예원, 윤주, 수범

5. [글잡이]

– 닮은 점을 말해요.
– 다른 점을 말해요.
– 모양이나 맛처럼 같은 내용을 비교해야 해요.

6. [글잡이]

아이들이 말하는 것이 적절하다면 잘했다고 인정해 주어야 합니다. 특히 앞에서 이야기한 색깔이나 모양, 그리고 맛과는 다른 것이 있다면 창의성을 발휘한 것이라고 해서 칭찬해 줄 필요가 있습니다.

▶ 생각을 키워요 (32~33쪽)

1. [모범답안]

민준 : 연주하는 방법, 나연 : 없음, 지후 : 만든 재료

2. [모범답안]

나연 ('피아노는 크고, 바이올린은 멋있어요.'라고 말한 것은 크기와 느낌을 비교했기 때문에 기준을 쓸 수 없습니다.)

3. [모범답안]

피아노는 크고, 바이올린은 작아요.

4. [모범답안]

비행기와 배(교통수단), 고양이와 오리(동물), 라면과 김밥(음식)

5. [글잡이]

대상을 골라 기준을 정해 비교해 볼 수 있도록 지도해 주세요.

예) 라면과 김밥 – 모양, 색깔, 만든 재료, 등.

6. [모범답안]

기준 : 모양, 색깔, 만든 재료

닮은 점 : 둘 다 음식이다. / 친구들이 좋아한다.

다른 점 : 라면은 꼬불꼬불하고 긴데, 김밥은 동글동글하다. / 라면은 면발이 연노랑이고 국물은 빨간데 김밥은 겉은 검고, 속은 여러 가지 색이다. / 라면은 밀가루로 만들었고, 김밥은 쌀과 김, 등 여러가지 재료가 들어간다.

▶ 생각을 펼쳐요 (34~36쪽)

1. [글잡이]

(1) 내 필통과 짝꿍의 필통

(2) 닮은 점 : 둘 다 귀엽고, 새 필통이라서 깨끗하다.

다른 점 : 내 필통은 천으로 된 필통이고 분홍색이고 겉에 하얀 토끼 인형이 달려 있다. 짝꿍 필통은 종이로 된 필통이고 하얀색이며 겉에는 만화가 그려져 있다.

(3) 비교해서 쓰면 특징이 분명하게 드러나서 자세히 알 수 있고, 기준이 있으므로 설명하기가 쉽다.

2. [글잡이]

떡과 빵을 보고 다양한 기준을 찾아 비교할 수 있도록 지도해 주세요.

예) 맛 – 고소하고 달콤하다. / 유래한 나라 – 전통

3. [글잡이]

2번에서 정리한 내용을 근거로 닮은 점과 다른 점을 쓰면 됩니다.

예) 닮은 점 : 음식이다. 간식으로 먹는다.

다른 점 : 재료, 맛, 색깔, 유래, 만드는 도구, 등.

4. [글잡이]

비교한 내용을 바탕으로 한 편의 완성된 글을 쓸 수 있도록 도와주세요. 닮은 점을 먼저 쓰고 다른 점을 쓰면 글의 흐름이 자연스러워집니다.

감상 쓰기

▶ 생각을 열어요 (38~39쪽)

1. [글잡이]

그림과 연관되는 느낌을 쓸 수 있도록 지도해 주세요.

① 행복하다, 즐겁다, 기쁘다, 신난다, 재미있다, 기분이 좋다, 등.

② 속상하다, 억울하다, 슬프다, 불쌍하다, 등.

③ 짜증난다, 화난다, 기분이 나쁘다, 등.

2. [글잡이]

그 밖에 느낌을 표현하는 말들에는 어떤 것들이 있는지 함께 찾아보세요.

예) 기대된다, 보고 싶다, 그립다, 고맙다, 미안하다, 부럽다, 신기하다, 등.

3. [글잡이]

책을 읽은 후에만 감상문을 쓸 수 있는 것은 아닙니다. 음악을 듣거나 영화를 본 뒤에도 느낌을 말할 수 있다는 것을 알려 주세요.

4. [글잡이]
3번에서 썼던 것들 중에 한 가지를 선택하여 느낌을 표현할 수 있도록 도와주세요.
예) 제목 : 해리포터 / 느낌 : 재미있다, 두근두근하다, 무섭다, 불쌍하다.

▶ 생각을 키워요 (40~41쪽)

1. [글잡이]
시를 읽으며 어떤 생각이 드는지 마음껏 쓸 수 있도록 지도해 주세요.
(1) 성격이 소심하고 용기가 없는 것 같아서 안타까워.
(2) 내 친구는 주인공이 친구가 별로 없어서 불쌍하다고 생각했는데, 나는 소심하고 용기가 없다고 생각했어.
2. [모범답안] | (1) 범준 (2) 승민 (3) 희지

▶ 생각을 펼쳐요 (42~44쪽)

1. [모범답안]
(1) 납작이가 된 스탠리
(2)
• 스탠리가 천둥치는 날 ~ 범인을 몰래 따라가서 잡기도 했다.
• 사람들이 스탠리를 ~ 그래서 스탠리는 슬펐다.
• 동생 아서가 바람을 넣어서 스탠리가 원래대로 돌아왔다. 아서는 형을 많이 걱정했다.
(3) [글잡이]
위에서 밑줄 친 책의 줄거리를 뺀 나머지 부분이 준탁이의 생각이나 느낌입니다.
2. [글잡이]
아이가 읽었던 책 중에서 기억에 남는 책을 한 권 골라 표에 정리해 봅니다. 독서 감상문의 준비를 위한 개요 짜기의 단계입니다.
3. [글잡이]
정리한 내용을 바탕으로 한 편의 감상문을 씁니다. 준탁이 친구처럼 줄거리와 느낌을 함께 쓸 수 있도록 지도해 주세요.

정보 쓰기(소개)

▶ 생각을 열어요 (46~47쪽)

1. [모범답안] | 사과, 바나나
2. [글잡이]
좋아하는 과일을 골라 모양이나 크기, 색깔, 맛, 등을 설명해 보세요.
예) 내가 가장 좋아하는 과일은 연두색의 속살에 까만 씨가 있어요. 껍질은 만져 보면 약간 까칠한 느낌이 들어요.
3. [모범답안]
• 가운데 인형은 얼굴에 눈물 자국이 있고 입을 벌리고 울고 있어요.
• 오른쪽에 있는 인형은 눈과 입 모양이 웃고 있는 모습이에요.
4. [모범답안] | 햄버거
5. [글잡이]
김밥을 관찰하고 어떤 특징들이 있는지 생각할 수 있도록 지도해 주세요.
예) 밥과 단무지, 달걀, 햄, 시금치, 등을 김에 싸서 동그랗게 만 다음 먹기 좋은 크기로 잘라 먹습니다.

▶ 생각을 키워요 (48~49쪽)

1. [글잡이]
그림을 보고 어려운 말로 표현하면 어떻게 되는지 알 수 있도록 해주세요.
(1) 철수가 어려운 말로 설명했기 때문입니다.
(2) 민수야. 나 어제 새로 컴퓨터를 샀어. 겉모습이 매우 세련되고 최신형이야. 모니터도 예전에 비해 훨씬 크고, 본체도 얇아서 공간을 적게 차지해. 색깔은 연한 파란색이어서 눈이 편해.
2. [글잡이]
(4) 예) 맞아, 수학 귀신!
(5) 예) 구구단 외울 때 민수가 도와주어서 좋았어.

3. [모범답안]

새로 전학 온 내 짝꿍의 이름은 강민수예요. 키는 나와 비슷하고, 얼굴이 조금 긴 편입니다. 눈은 동그랗고 안경을 썼지요. 민수는 수학 시간이 제일 좋대요. 그래서 그런지 수학을 잘해요. 그전에 다니던 학교에서는 별명이 '수학 귀신'이었대요. 지난 수학 시간에 민수가 구구단 외우는 것을 도와주어서 우리는 금방 친구가 되었어요.

▶ 생각을 펼쳐요 (50~52쪽)

1. [글잡이]
   (1) 우리나라 가을을 소개하고 있습니다.
   (2) 아프리카에는 우리나라의 가을과 같은 계절이 없어서 아프리카에 사는 친구들은 가을에 대해 잘 모르기 때문입니다.
   (3) ① 9월 ② 붉은빛 또는 노란빛을 띤다. ③ 코스모스, 해바라기, 국화, 등. ④ 가을에 먹는 과일, 가을에 볼 수 있는 것, 등.
   (4) 위에서 정리한 내용을 정리해 가을의 특징을 살려 쓸 수 있도록 도와주세요.
   예) 대한민국의 가을은 보통 9월에 시작됩니다. 가을이 되면 하늘은 높고 구름 한 점 없이 맑아요. 가을에 나뭇잎은 붉은빛이나 노란빛으로 물들고, 국화와 코스모스, 해바라기 꽃들을 볼 수 있어요. 가을에는 사과와 배, 귤, 등을 먹을 수 있지요.

2. [글잡이]
   앞에서 연습했던 것을 바탕으로 다른 글감을 정해 소개하는 글을 쓸 수 있도록 도와주세요.

겪은 일 쓰기

▶ 생각을 열어요 (54~55쪽)

1. [글잡이]
   일기 : 오늘 있었던 일을 써요.
   생활문 : 꼭 오늘 겪은 일이 아니어도 괜찮아요.
   공통점 : (1) 내가 직접 보거나 겪은 일을 써요.
   　　　　 (2) 나의 느낌이 들어가야 해요.

2. [글잡이]
   일기의 특징을 쓸 수 있도록 지도해 주세요.
   (1) 내 생활을 돌이켜 볼 수 있어요.
   (2) 내 생활을 기록할 수 있어요.
   (3) 글 쓰는 솜씨가 좋아져요.

3. [글잡이]
   (1) 그 글을 쓰는 날의 기록이기 때문이에요.
   (2) 일기에 담긴 내용이 날씨와 관련이 있을 수 있기 때문이에요.
   (3) 어떤 내용의 글인지 짐작하기 어려워요.
   (4) 가장 기억에 남거나 기록하고 싶은 일을 써요.

▶ 생각을 키워요 (56~57쪽)

1. [글잡이]
   나는 (두 번째)의 일기가 더 잘 썼다고 생각해요. 왜냐하면 한 가지 일을 자세히 썼고, 그때의 느낌도 있기 때문이에요.

2. [모범답안]
   (1) 금동이는 개구쟁이라고 썼어요.
   (2) 우리 동생이 자랑스러울 때도 있습니다. / 동생을 보면 기쁩니다.

▶ 생각을 펼쳐요 (58~60쪽)

1. [모범답안]
   (1) 할머니가 지구를 더럽히는 고물들을 다 치워 주시면 지구가 좀 덜 아플 것 같다.
   (2) 할머니 덕분에 우리 동네가 깨끗해지는구나. 나도 리어카에 고물을 싣고 가는 할머니를 보면 도와드려야겠다.

2. [글잡이]
   아이가 겪은 일을 골라서 질문에 답해 가며 써 볼 수 있도록 합니다.

3. [글잡이]
   글감을 정한 후 보기를 참고하여 생활문을 완성할 수 있도록 도와주세요.

마음 쓰기

▶ 생각을 열어요 (62쪽)

1. [정답] | 문자 보내기 / 편지 쓰기
2. [모범답안]
   공통점 : 멀리 있어도 서로의 이야기를 전달할 수 있다.
   차이점 : 전화 : 언제 어디서든 쉽게 이야기할 수 있다.
   편지 : 긴 이야기도 차근 차근 전할 수 있다.

▶ 생각을 키워요 (63~65쪽)

1. [정답] | 높임말
2. [모범답안]
   민수: 안녕하셨어요. / 민수 : 그럼 어떻게 말씀드려야 해요?
3. [정답]
   밥-진지, 나이-연세, 생일-생신, (잠을)자다-주무시다, 집-댁
4. [모범답안]
   (2) 말을 하다. - 말씀을 하시다.
   (3) 병이 났다. - 편찮으시다.
   (4) 밖에 나가다. - 외출하시다.
   (6) 집에 있다. - 댁에 계신다.
   (7) 잠을 잔다. - 잠을 주무신다.
5. [정답]
   집 - 댁, 아프셔서 - 편찮으시다고, 나는 - 저는, 나를 - 저를, 먹고 - 잡수시고(드시고), 내가 - 제가, 있어야 해요 - 계셔야 해요, 민수가 - 민수 올림

▶ 생각을 펼쳐요 (66~68쪽)

1. [모범답안]
   (1) 무슨 내용인지 잘 모르겠어요. 왜냐하면 이 이야기, 저 이야기를 하고 있기 때문이에요.
   (2) 민지에게.
   안녕 나 강미야. 어제 우리가 싸우고 나서 집에 가서 곰곰이 생각해 봤어. 별것 아닌 일로 싸운 거 같아. 네가 내 지우개를 빌려 가서 더럽혔다고 신경질을 냈잖아. 그럴 수도 있는데 내가 화내서 미안해. 말로 하기 쑥스러워서 편지를 쓴단다. 미안해. 내일 학교에서 만나자.
2. [모범답안]
   받는 사람, 첫인사, 하고 싶은 말, 끝인사, 쓴 날짜, 쓴 사람
3. [글잡이]
   앞에서 연습했던 것처럼, 아이가 편지 쓰고 싶은 사람을 정해 편지를 쓸 수 있도록 도와주세요.

생각 쓰기

▶ 생각을 열어요 (70~71쪽)

1. [모범답안]
내 의견을 다른 사람에게 알리기 위해서는 알맞은 **생각**이 있어야 하고, 알맞은 **까닭**이 있어야 해요.

2. [모범답안]
공감할 수 있는 말을 한 친구: 윤경, 용수
그렇게 생각한 이유 :
윤경 – 우리 모두가 학교에서 지켜야 할 규칙이기 때문이다.
용수 – 책을 많이 읽으면 새로운 지식을 쌓을 수 있기 때문이다.
공감할 수 없는 말을 한 친구 : 수지, 경민
그렇게 생각한 이유 :
수지 – 어른을 보면 인사를 해야 하는데, 교장 선생님은 우리 학교의 가장 큰 어른이니까 도망가지 말고 인사해야 한다.
경민 – 혼자만 맛있는 음식을 다 먹으면 다른 친구들이 먹을 음식이 없게 된다.

3. [모범답안]
난 (2)번의 글은 좋지 않다고 생각해요. 왜냐하면 선생님께 대한 예의가 아니기 때문이에요.

▶ 생각을 키워요 (72~73쪽)

1. [글잡이]
자신의 생각을 표현한 뒤에는 알맞은 까닭이 올 수 있도록 지도해 주세요.
(1) 엄마, 용돈을 조금만 올려 주세요. 왜냐하면 학년이 올라가면 준비물이 많아지기 때문이에요.
(2) 민지야, 어른들을 만나면 인사를 잘해야 해. 왜냐하면 인사를 안 하면 예의에 어긋나기 때문이야. 너를 나무라기 전에 자식 교육을 잘못 시켰다고 부모님을 흉볼 수도 있어.

2. [모범답안]
(1) 친구가 싫어하는 별명을 부르지 말자.
(2) 외출하고 돌아오면 손을 깨끗이 씻자.

3. [모범답안] | 생각, 까닭, 까닭

4. [글잡이]
수업 시간에 장난을 치는 친구에게 그러면 안 되는 이유를 설명할 수 있도록 알맞은 까닭을 들어 볼 수 있도록 지도해 주세요.
예) 민수야, 공부 시간에 장난치지 마. 왜냐하면 장난치면 선생님 말씀을 집중해서 들을 수가 없잖아. 그리고 나도 너 때문에 신경 쓰여서 공부를 할 수가 없어.

▶ 생각을 펼쳐요 (74~76쪽)

1. [글잡이]
(1) 정민
(2) 예) 철수의 말을 이렇게 고치겠습니다.
우리 모둠은 악기 연주에 맞추어 노래를 부르면 좋겠습니다. 왜냐하면 악기를 잘 다루는 친구들은 연주를 하고, 나머지 친구들은 노래를 하면, 모둠원 전체가 참여할 수 있고 각자의 장기도 살릴 수 있으니까요.

2. [모범답안]
(1) 까닭 : 왜냐하면 눈도 나빠지고, 공부할 시간도 없어지고, 전자파를 많이 받기 때문이에요.
(2) 생각 : 물을 아껴 쓰자.
까닭: 물을 아껴 쓰지 않으면 꼭 필요할 때 써야 할 물이 없을 수도 있기 때문이에요.
(3) 생각 : 운동을 열심히 하자.
까닭: 몸이 튼튼해지고, 근육도 많아지고, 키도 쑥쑥 자라고, 힘도 세지고, 몸매도 멋있게 되기 때문이에요.

3. [글잡이]
그림을 보며 떠오르는 생각과 그것을 뒷받침하는 까닭을 쓸 수 있도록 도와주세요.